教育部职业教育与成人教育司推荐教材
中等职业教育技能型紧缺人才教学用书

基本技能操作训练

(建筑设备专业)

本教材编审委员会组织编写

主编 张建成
主审 刘 君 唐学华

中国建筑工业出版社

图书在版编目（CIP）数据

基本技能操作训练/本教材编审委员会组织编写；张建成主编. —北京：中国建筑工业出版社，2006
教育部职业教育与成人教育司推荐教材. 中等职业教育技能型紧缺人才教学用书. 建筑设备专业
ISBN 978-7-112-08600-9

Ⅰ. 基… Ⅱ. ①本…②张… Ⅲ. 技术教育-教材 Ⅳ. G712

中国版本图书馆 CIP 数据核字（2006）第 140435 号

教育部职业教育与成人教育司推荐教材
中等职业教育技能型紧缺人才教学用书

基本技能操作训练
（建筑设备专业）

本教材编审委员会组织编写
主编　张建成
主审　刘　君　唐学华

*

中国建筑工业出版社出版（北京西郊百万庄）
新华书店总店科技发行所发行
霸州市顺浩图文科技发展有限公司制版
北京市安泰印刷厂印刷

*

开本：787×1092 毫米　1/16　印张：11¾　字数：283 千字
2007 年 1 月第一版　2007 年 1 月第一次印刷
印数：1—3000 册　　定价：17.00 元
ISBN 978-7-112-08600-9
（15264）

版权所有　翻印必究
如有印装质量问题，可寄本社退换
（邮政编码 100037）

本社网址：http://www.cabp.com.cn
网上书店：http://www.china-building.com.cn

本教材是根据"中等职业教育建设行业技能型紧缺人才培养培训指导方案"编写的，也是教学指导委员会推荐教材。内容主要包括钳工基本操作技能、管工基本操作技能、焊工基本操作技能、钣金工基本操作技能、电工基本操作技能等。

本教材除可作为中职建筑设备专业的教材外，还可供相关专业的技术人员参考。

* * *

责任编辑：齐庆梅 李 明
责任设计：赵明霞
责任校对：张树梅 王雪竹

本教材编审委员会名单

主 任：汤万龙

副主任：杜 渐　张建成

委 员：（按拼音排序）

陈光德　范松康　范维浩　高绍远　侯晓云　李静彬
李　莲　梁嘉强　刘复欣　刘　君　邱海霞　孙志杰
唐学华　王根虎　王光遐　王林根　王志伟　文桂萍
邢国清　邢玉林　薛树平　杨其富　余　宁　张　清
张毅敏　张忠旭

出版说明

为深入贯彻落实《中共中央、国务院关于进一步加强人才工作的决定》精神，2004年10月，教育部、建设部联合印发了《关于实施职业院校建设行业技能型紧缺人才培养培训工程的通知》，确定在建筑（市政）施工、建筑装饰、建筑设备和建筑智能化四个专业领域实施中等职业学校技能型紧缺人才培养培训工程，全国有94所中等职业学校、702个主要合作企业被列为示范性培养培训基地，通过构建校企合作培养培训人才的机制，优化教学与实训过程，探索新的办学模式。这项培养培训工程的实施，充分体现了教育部、建设部大力推进职业教育改革和发展的办学理念，有利于职业学校从建设行业人才市场的实际需要出发，以素质为基础，以能力为本位，以就业为导向，加快培养建设行业一线迫切需要的技能型人才。

为配合技能型紧缺人才培养培训工程的实施，满足教学急需，中国建筑工业出版社在跟踪"中等职业教育建设行业技能型紧缺人才培养培训指导方案"（以下简称"方案"）的编审过程中，广泛征求有关专家对配套教材建设的意见，并与方案起草人以及建设部中等职业学校专业指导委员会共同组织编写了中等职业教育建筑（市政）施工、建筑装饰、建筑设备、建筑智能化四个专业的技能型紧缺人才教学用书。

在组织编写过程中我们始终坚持优质、适用的原则。首先强调编审人员的工程背景，在组织编审力量时不仅要求学校的编写人员要有工程经历，而且为每本教材选定的两位审稿专家中有一位来自企业，从而使得教材内容更为符合职业教育的要求。编写内容是按照"方案"要求，弱化理论阐述，重点介绍工程一线所需要的知识和技能，内容精练，符合建筑行业标准及职业技能的要求。同时采用项目教学法的编写形式，强化实训内容，以提高学生的技能水平。

我们希望这四个专业的教学用书对有关院校实施技能型紧缺人才的培养具有一定的指导作用。同时，也希望各校在使用本套书的过程中，有何意见及建议及时反馈给我们，联系方式：中国建筑工业出版社教材中心（E-mail：jiaocai@cabp.com.cn）。

中国建筑工业出版社
2006年6月

前 言

本教材是根据 2004 年 8 月建设部颁布的中等职业教育供热通风与空调专业《基本技能操作训练》教学大纲编写的,内容包括钳工基本操作技能、管工基本操作技能、焊工基本操作技能、钣金工基本操作技能、电工基本操作技能等。是建筑设备技术专业必须具备的基本操作技能,是从事专业技术服务能力的基础。

本教材从初中学习的特点出发,本着"少而精"的原则,重点在实践技能方面突出技术实用性和通用性,以图解的形式使学生加快理解,迅速建立实际操作的概念,在短时间内达到一定的水平。

本教材在符合专业教育标准和教学大纲中规定要求的知识点、能力点的条件下,内容安排上尽量删繁就简,突出专业需要,实用性与针对性相结合,着重培养实际操作能力,做到层次分明,重点突出,使知识易于学习、掌握;在内容和内容安排上与同类教材相比有较大的变动和删减;书中图文并茂,文字上力求简练、准确、通畅,便于学生学习掌握;在章节的安排上分块布置,将各种不同的工种分章讲解和培训,同时又注意将各章内容有机联系起来,便于学生理解掌握;为了进一步加深理解,提高学生的实际操作水平,本书还在各单元设置了训练课题,使用时可根据实际情况安排专项训练。

本书的特色主要以图示方式和实物图片的形式,直接表达每一个关键操作动作,围绕图示介绍操作要领,以图示帮助理解操作动作要领。对于常用工具、量具及设备直接用实物图片进行介绍,直观效果好,易于学生掌握。

本教材由四川省攀枝花市建筑工程学校张建成主编并参编单元 1、单元 2、单元 4、单元 5。参加编写的有攀枝花市建筑工程学校巫海鹰(编写单元 1、单元 4)、李国华(编写单元 2)、文华东(编写单元 3)、郑辉(参编单元 3),四川省攀枝花市质量技术监督局胡鹏(参编单元 1、单元 4)和第十九冶金建设公司技工学校张明(编写单元 5)。

本书由新疆安装技校刘君和攀枝花工业安装公司唐学华高工主审,提出了许多宝贵意见,在此表示感谢。

由于编者水平所限,教材中难免有许多不妥或错误之处,恳请专家、同仁和广大读者批评指正。

目 录

单元1 钳工的基本操作技能 … 1
- 课题1 钳工入门知识 … 1
- 课题2 平面划线 … 4
- 课题3 錾削 … 11
- 课题4 锉削 … 17
- 课题5 锯削 … 22
- 课题6 钻孔 … 28
- 课题7 攻丝和套丝 … 34
- 思考题 … 41

单元2 管工的基本操作技能 … 42
- 课题1 管工常用的设备及工具 … 42
- 课题2 管材调直、整圆 … 49
- 课题3 管材下料 … 53
- 课题4 管件的制作 … 57
- 课题5 管道的套螺纹 … 63
- 课题6 管道的连接 … 66
- 课题7 管道的弯制 … 73
- 思考题 … 78

单元3 焊工的基本操作技能 … 79
- 课题1 焊接的基本知识 … 79
- 课题2 气割 … 89
- 课题3 气焊 … 94
- 课题4 焊条电弧焊 … 95
- 课题5 气体保护电弧焊 … 108
- 课题6 其他焊接方法 … 122
- 思考题 … 125

单元4 钣金工的基本操作技能 … 126
- 课题1 钣金工的基础知识 … 126
- 课题2 矫正和展开 … 128
- 课题3 弯曲成形 … 133
- 课题4 咬缝 … 137
- 课题5 铆接和螺纹连接 … 140
- 思考题 … 147

单元5　电工基本操作技能 …………………………………………………………… 148
　课题1　用电安全知识 ………………………………………………………… 148
　课题2　电工常用工具及仪表的使用 ………………………………………… 151
　课题3　导线连接与绝缘恢复 ………………………………………………… 158
　课题4　照明基本电路的安装与检修 ………………………………………… 162
　思考题 ……………………………………………………………………………… 177
参考文献 ………………………………………………………………………………… 178

单元1　钳工的基本操作技能

知识点：
1. 钳工常用设备的种类及使用要求。
2. 钳工常用工、量具的使用。
3. 钳工技能中划线、錾削、锉削、锯削、钻孔、攻丝和套丝的基本操作方法。
4. 钳工操作中对加工质量的一般要求。
5. 常用钳工操作中的质量分析。

教学目标：
1. 通过本课题的学习着重了解钳工在建筑施工中的地位和作用。
2. 能熟练掌握各种钳工常用工、量具的使用方法，及在钳工操作中需注意的安全规范。
3. 熟悉并掌握划线、錾削、锉削、锯削、钻孔、攻丝和套丝等操作技能。
4. 能独立根据图纸要求进行零部件的加工，具有较强的实践操作技能。

课题1　钳工入门知识

1.1　钳工的工作任务、范围及作用

钳工是机械制造、设备安装中不可缺少的一个工种，它的工作范围很广。它的主要工作是对产品进行零件加工和装配，此外还担负机械设备的装配和修理，各种工、夹、量具及各种专用设备的制造等。

随着工业生产的日益发展，钳工工种已有了很多专业的分工，有普通钳工、划线钳工、机修钳工和安装钳工等。无论哪一种钳工，要完成本职任务，首先应掌握好钳工的各项基本操作技能。包括：画线、錾削（凿削）、锉削、锯削（锯割）、钻孔、扩孔、铰孔、攻丝和套丝、矫正和弯曲、铆接、刮削、研磨及测量和简单的热处理等。

1.2　钳工常用的设备

1.2.1　钳台

钳台也称钳桌，用来安装台虎钳、放置工具和工件等，如图1-1（a）所示。钳台是钳工工作的主要设备，用木料或钢材制成。其高度约800～900mm，一般多以钳口高度恰好与肘齐平为宜，如图1-1（b）所示，钳台的长度和宽度则随工作需要而定。

1.2.2　台虎钳

台虎钳是用来夹持工件的通用夹具，如图1-2所示。其规格以钳口的宽度表示，有100mm（4in）、125mm（5in）、150mm（6in）等。

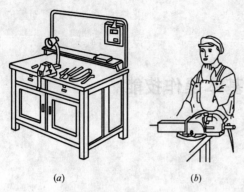

图 1-1　钳台

(a) 钳台；(b) 钳口高度

台虎钳有固定式［图 1-2（a）］和回转式［图 1-2（b）］两种。由于回转式台虎钳使用方便，故应用广泛。其主要构造和工作原理如下所述。

回转式台虎钳的主体部分由固定钳身 5 和活动钳身 2 组成，都是由铸铁制造。活动钳身通过方形导轨与固定钳身的方孔配合，可作前后滑动。丝杆 1 装在活动钳身上，并与安装在固定钳身内的螺母 6 配合。摇动手柄 13 使丝杆旋转，就可带动活动钳身移动，起夹紧或放松工件的作用。弹簧 12 靠挡圈 11 和销 10 固定在丝杆上，其作用是当放松丝杆时，能使活动钳身及时而平稳

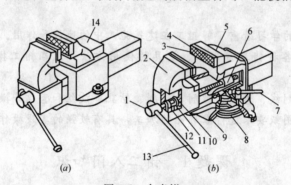

图 1-2　台虎钳

（a）固定式台虎钳；（b）回转式台虎钳

1—丝杆；2—活动钳身；3—螺钉；4—钢制钳口；5—固定钳身；
6—螺母；7—手柄；8—夹紧盘；9—转盘；10—销；
11—挡圈；12—弹簧；13—手柄；14—砧座

地退出。在固定钳身和活动钳身上，各装有钢质钳口 4，并用螺钉 3 固定。钳口工作面上制有斜纹，使工件夹紧后不易产生滑动，钳口经过淬硬处理，具有较好的耐磨性，以延长使用寿命。固定钳身装在转盘 9 上，并能绕转盘座轴心线转动，当转到要求的方向时，扳动手柄 7 使夹紧螺钉旋转，便可以在夹紧盘 8 的作用下把固定钳身紧固。转盘座上有三个螺栓孔，通过螺栓可与钳台固定。

台虎钳安装在钳台上，必须使固定钳身的钳口处于钳台边缘外，以保证能垂直夹持长形工件。

使用虎钳时，应注意下列事项：

（1）工件应尽量夹在虎钳钳口中部，以使钳口受力均匀。

（2）当转动手柄来夹紧工件时，只能用手扳紧手柄，决不能接长手柄或用手锤敲击手柄，以免虎钳丝杆或螺母上的螺纹损坏。

（3）锤击工件只可在砧座上进行，其他各部件不许用手锤直接打击。

1.2.3　砂轮机

砂轮机主要用来刃磨錾子（凿子）、钻头和刮刀等刀具或其他工具，也可用来磨去工

件或材料的毛刺、锐边等。

砂轮机分为台式和立式两种，主要由砂轮、电动机和机体三部分组成，立式砂轮机如图1-3所示。砂轮的质地较脆，工作时转速较高，因此使用砂轮机时应遵守安全操作规程，严防发生砂轮碎裂和人身事故。工作时应注意以下几点：

（1）砂轮的旋转方向应正确（如图1-3中砂轮罩壳上箭头所示），使磨屑向下方飞离砂轮。

（2）启动以后，要待砂轮转速达到正常后才能进行磨削。

（3）磨削时，操作者尽量不要站立在砂轮的对面，而应站在砂轮的侧面或斜侧位置。

（4）磨削时要防止刀具或工件等对砂轮发生剧烈的撞击或施加过大的压力。

（5）砂轮机的搁架与砂轮间的距离，一般应保持在3mm以内，否则容易造成磨削件被轧入的事故。

（6）当砂轮表面跳动严重时，应及时用修整器修整。

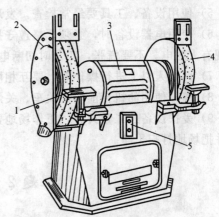

图1-3 立式砂轮机
1—搁架；2—转动方向；3—电动机；
4—砂轮；5—电动机按钮

1.2.4 钻床和电钻

钻床和电钻是用来对工件进行孔加工的设备。钳工常用的钻床有台式钻床、立式钻床和摇臂钻床三类。

1.3 钳工常用的工具和量具

1.3.1 常用工具

有划线用的划线平台、划针、单脚规、划线盘、高度尺、样冲及各种支撑用工具；錾削用的锤子和錾子；锉削用的各种锉刀；锯削用的手锯；孔加工用的麻花钻、各种锪钻和铰刀；攻丝和套丝用的各种丝锥、板牙和铰杠；刮削用的各种平面刮刀、柳叶刮刀、三角刮刀和曲面刮刀；各种扳手等。

1.3.2 常用量具

有钢直尺、刀口形直尺、游标尺、内外卡钳、千分尺、高度游标卡尺、90°角尺、卷尺、游标万能角度尺、厚薄规、百分表和水平仪等。

1.4 安全文明生产

在实习及生产过程中，应组织好钳工的工作场地，进行安全文明生产，这是加强学生动手能力、提高劳动生产率和产品质量的一项重要措施。因此，必须做到以下几点：

1）主要设备的布置要合理适当。如钳台要放在便于工作和光线适宜的地方；砂轮机和钻床一般都安装在工作场地的边沿，以保证安全。

2）毛坯和工件要有序存放，并尽量放在搁架上，搁架的位置要考虑到便于工作及保证安全。工件存放中避免碰伤已加工的表面。

3）面对面使用的钳台中间要装安全防护网；在钳台上进行錾削时，也要有防护网。

清除切屑要用刷子,不得直接用手或棉纱清除,也不可用嘴吹,以免切屑飞进眼里伤害眼睛。

4)开始工作前必须按规定穿戴好劳保用品,女学生必须戴工作帽。在进行某些操作时,必须使用防护用具(如防护眼镜、胶皮手套和胶鞋等),如发现防护用具失效,应立即修补或更换。

5)使用设备、工具要经常检查,发现损坏,要停止使用,修好后再用。

6)使用电器设备时,必须严格遵守操作规程,防止触电,造成人身伤害事故。如果发现有人触电,不要慌张,应及时切断电源,进行抢救。

7)两个人以上进行操作时,要互相协同,行动一致,不准开玩笑。

8)离开使用的机床前应先关车、关灯、切断电源。

9)爱护设备及工量刃具,工作场地要保持清洁整齐,每天下课应清理好个人用的工具并把场地打扫干净。

课题2 平面划线

2.1 划线工具

根据图纸的要求,准确地在工件表面上划出加工界限,这样的操作叫划线。在划线之前需用石灰水或蓝水等在工件面涂上颜色,然后才能划线。

划线可分为平面划线和立体划线两种。平面划线是只需在工件的一个表面上进行划线(图1-4);立体划线是在工件几个不同的表面上进行划线(图1-5)。划线前需用千斤顶支起工件并找平。

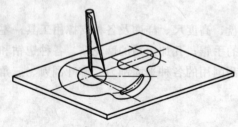

图1-4 平面划线

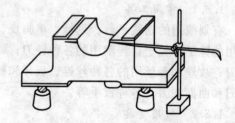

图1-5 立体划线

划线的作用是使工件在加工时有明确的标志;同时可以检查工件是否合格。

划线的工具及使用方法如下所述。

(1)划线平台

划线平台又叫划线平板(图1-6),是划线工作的基准面。因此要保证平台的精确性,

图1-6 划线平台

严禁敲打，用完后涂上机油以防生锈。

（2）划针

划针[图1-7（a）]直径为3～6mm，长约200～300mm，尖端磨锐淬火，其角度为15°～20°。划针的使用方法与铅笔相似[图1-7（b）]。

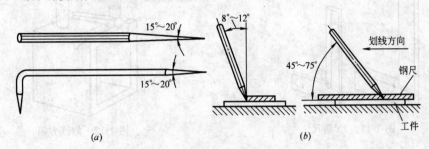

图1-7 划针及其使用方法

（a）划针；（b）划针的使用方法

（3）划规

划规又称圆规（图1-8），在划线工作中的用途很多，可以划圆和圆弧、等分线段、等分角度及量取尺寸等。

（4）高度尺

高度尺（图1-9）配合划针盘一起使用，以决定划针在平台上高度尺寸。它由钢尺和底座组成。

（5）高度游标卡尺

高度游标卡尺（图1-10）是根据游标原理制成的划线工具。

（6）90°角尺

90°角尺在划线时常作为划平行线或垂直线的导向工具，也可用来找正工件平面在划线平台上的垂直位置（图1-11）。

（7）方箱

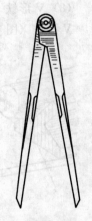

图1-8 普通划规

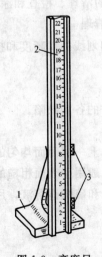

图1-9 高度尺

1—底座；2—钢尺；3—锁紧螺钉

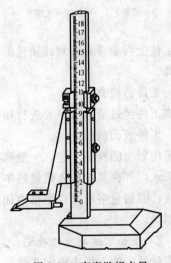

图1-10 高度游标卡尺

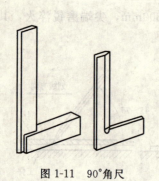

图 1-11　90°角尺

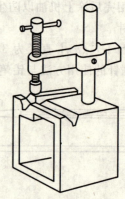

图 1-12　划线方箱

划线方箱（图 1-12）是一个空心的立方体或长方体。相邻平面互相垂直，相对平面互相平行。此外，还有放置圆柱形工件的 V 形槽和夹紧装置。

（8）V 形铁

V 形铁（图 1-13）又称元宝铁，主要用来安放圆形工件，以便用划针盘划出中心线或找出中心等。

（9）样冲

样冲用来对划好的线上打出适当的冲眼作标记，以避免划出的线条被擦掉，用划规划圆和定钻孔中心时，也需要先打上冲眼，样冲的头部尖角一般为 45°～60°。

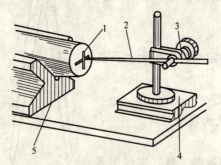

图 1-13　用 V 形铁支承工件

1—工件；2—平行划针；3—夹紧件；
4—底座；5—V 形铁（支座）

2.2　平面划线的基本操作

2.2.1　划线前的准备工作

在进行划线之前，必须首先做好准备工作，它主要包括工件的清理、检查和涂色等几方面。

（1）工件的清理

将工件上污垢等影响划线质量的杂物清除干净，不影响划线的清晰度和损伤较精密的划线工具。

（2）工件的检查

划线工件经过清理后，要进行检查，其目的是找出工件的各种缺陷。

（3）工件表面的涂色

为了使划出的线条清楚，一般都要在工件的划线部位涂上一层薄而均匀的涂料。常用的有石灰水，并在其中加入适量的牛皮胶来增加附着力，一般用于表面粗糙的铸锻件毛坯上的划线；酒精色溶液（在酒精中加漆片和紫蓝染料配成）和硫酸铜溶液，用于已加工表面上的划线。

2.2.2　平面划线基准的确定

基准就是工件上用来确定其他点、线、面的位置的依据。

由于划线时在工件的每一个方向的各尺寸中都需选择一个基准，因此，平面划线时一一般要选择两个划线基准。当工件有缺陷时可以通过借料来进行划线。

平面划线基准一般可根据以下三种类型来确定。

(1) 以两条互相垂直的线为基准

图 1-14 所示，该工件上有垂直两个方向的尺寸。可以看出，每一方向的许多尺寸都是依照它们的外缘线而确定的，此时，这两条外缘线就分别是每一方向的划线基准。

(2) 以两条中心线为基准

图 1-15 所示，该零件上两个方向的尺寸与其中心线具有对称性，且其他尺寸也从中心线起始标注。此时，这两条中心线就分别是这两个方向的划线基准。

(3) 以一条水平线和一条中心线为基准

图 1-16 所示，该工件上高度方向的尺寸

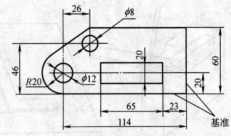

图 1-14　以两条互相垂直的线为基准

是以底边为依据的，此底边就是高度方向的划线基准；而宽度方向的尺寸对称于中心线，故中心线就是宽度方向的划线基准。

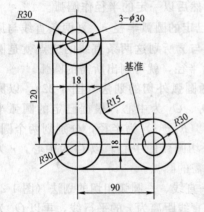

图 1-15　以两条中心线为基准

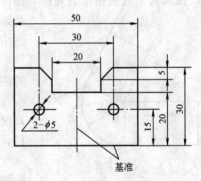

图 1-16　以一条水平线和一条中心线为基准

2.2.3 基本线条的划法

(1) 划平行线

划平行线的方法较多，可用 90°角尺紧靠工件平直的边，另用钢尺量好尺寸后，沿 90°角尺边划出（图 1-17）；如果工件可以垂直安放在划线平台上，则可用划针盘或高度游标卡尺将所需尺寸划出（图 1-18）。

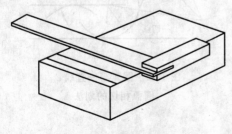

图 1-17　用 90°角尺划平行线

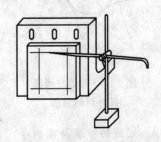

图 1-18　用划针盘划平行线

(2) 划垂直线

划垂直线的方法常用的有以下几种：

1) 用角尺划垂直线。用90°角尺根据已加工的平面来划垂直线的方法（图1-19）。
2) 用作图法划垂直线。在直线 AB 上的 O 点划垂直线的方法（图1-20）。

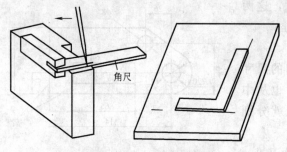

图1-19 用90°角尺划垂直线

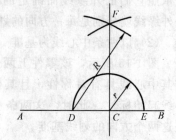

图1-20 用作图法划垂直线

用圆规在 C 点以适当半径 r 划圆弧，交 AB 于 D、E 两点，分别在 D、E 两点以适当半径 R 划圆弧，得交点 F 连接 CF，此直线就是 AB 线上在 C 点的垂直线。

3) 划圆弧线。划圆弧线主要是首先求出中心，然后以一定的半径作圆弧。

A. 圆弧与两直线相切的划法（图1-21）。根据已定的圆弧半径 r，划两条直线与原有的两直线平行，与 r 所划这两条直线的交点就是圆弧的中心。以 O 为半径，就可划出所需的圆弧。

B. 圆弧与两圆弧外切的划法（图1-22）。以原有的两圆弧中心 O_1、O_2 为中心，根据已定的圆弧半径 r，以 (R_1+r)、(R_2+r) 为半径，分别划两个圆弧，其交点 O 就是外切圆弧的中心。以 O 为中心，r 为半径，就可划出所需的圆弧。

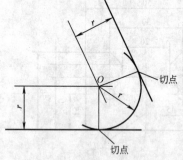

图1-21 圆弧与两直线相切的划法

C. 圆弧与一直线、一圆弧相切的划法（图1-23）。先划一条与原有直线距离为 r 的平行线，再以 O_1 为中心，(R_1+r) 为半径，划一圆弧，此圆弧与所划平行线的交点 O 就是相切圆弧的中心。以 O 为中心，r 为半径，就可划出所需的圆弧。

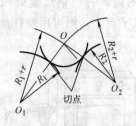

图1-22 圆弧与两圆弧外切的划法

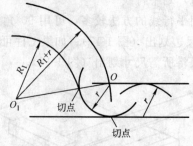

图1-23 圆弧与一直线、一圆弧相切的划法

2.2.4 划线的步骤与实例

(1) 划线的步骤

1) 分析图样;
2) 选定划线基准;
3) 初步检查工件;
4) 正确安放工件和选用划线工具;
5) 划线;
6) 详细检查划线的准确性及是否有线条漏划;
7) 在线条上冲眼。

(2) 平面划线实例

图 1-24 所示,通过实例来说明平面划线的基本技能,其具体划线过程如下:

1) 划线前的准备。

A. 分析图纸。明确划线基准,确定以 A 面为高度基准,以中心线 B 为宽度方向基准 [图 1-24 (a)]。

B. 准备好划线工具,在确定工件合格的基础上对工件表面进行清理。

C. 在工件划线表面上均匀涂上涂料,待涂料干燥后再进行划线。

2) 划线过程。

A. 确定待划图纸位置。先划出高度基准 A 的位置线,然后再相继划出其他要素的高度位置,即平行于基准 A 的线 [图 1-24 (b)]。

B. 划出宽度基准 B 的位置线,同时划出其他要素宽度位置线 [图 1-24 (c)]。

C. 用样冲在各圆心进行冲眼,并划出各圆和圆弧 [图 1-24 (d)]。

D. 划出各处的连接线,完成工件的划线工作。

E. 检查图纸各方向划线基准选择的合理性,各部位尺寸的正确性,线条要清晰、无遗漏、无错误。

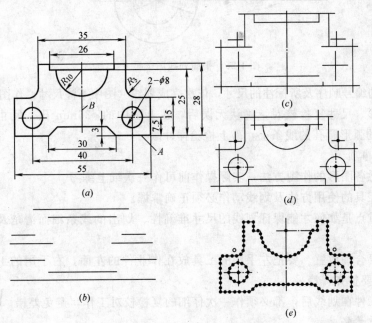

图 1-24 平面划线实例

3）打样冲眼。在划好线的板材上打样冲眼，显示各部位尺寸及轮廓［图1-24（e）］。

2.3 训 练 课 题

2.3.1 平面划线

（1）目的和要求

通过完成平面划线的训练，掌握基本划线工具的使用，熟悉基本线条的划线方法，并能独立完成平面划线。

（2）材料

250mm×300mm 薄钢板。

（3）工具及材料

划线平板、划针、划规、样冲、锤子、钢直尺、90°角尺、角度尺、涂料适量。

（4）训练步骤

1）准备好所用的划线工具，并对实习件进行清理和对划线表面涂色。

2）熟悉各图形划法，并按各图应采取的划线基准及最大轮廓尺寸安排好各图基准线在实习件上的合理位置（图1-25）。

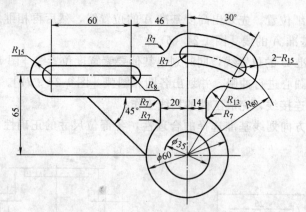

图1-25 平面划线图纸尺寸

3）按图的编号顺序及所标注的尺寸，依次完成划线（图中不注尺寸，作图线可保留）。

4）对图形、尺寸复检校对，确认无误后，在上图中的 ϕ35mm 孔、尺寸 65mm 的长形腰孔及 45°的弧形腰孔的线条上，敲上检验样冲眼。

（5）注意事项

1）为熟悉各图形的作图方法，实际操作前可作一次纸上练习。

2）划线工具的使用方法及划线动作必须正确掌握。

3）训练重点是如何才能保证划线的尺寸准确性、划出的线条细而清楚及打样冲眼的准确性。

4）工具要合理放置。要把左手用的工具放在作业件的左面，右手用的工具放在作业件的右面，并要整齐、稳妥。

5）任何工件在划线后，都必须作一次仔细的复检校对工作，避免差错。

2.3.2 质量要求

本训练课题的质量要求及评分标准如表1-1所示。

平面划线的质量要求和评分标准　　　　　　　　表 1-1

序　号	评分项目要求	配　分	指导教师评价	评　分
1	表面涂色，要求涂色薄而均匀	8		
2	图形及其排列位置要正确	10		
3	线条清晰无重线	10		
4	尺寸及线条位置公差≤0.3mm	16		
5	各圆弧连接需圆滑	12		
6	冲眼位置公差≤0.3mm	14		
7	检验样冲眼分布合理	10		
8	使用工具正确，操作姿势要正确	10		
9	文明生产与安全生产	10		
总分	100分　　姓名　　　　　　学号		教师签名：	成绩

2.3.3 质量分析

（1）划线时可能造成划线错误，主要是由于未熟悉图纸所造成的，因此要求在训练前一定要对图纸进行完全的理解。

（2）划线基准选择错误，会对划线质量和划线速度造成很大的影响。在选择划线基准时应尽量使划线基准与图纸上的设计基准相一致。

（3）线条不清晰或有重复，一方面可能是由于对图纸不熟悉造成的，另一方面可能是由于工具使用不熟练，划线方法不当造成。因此必须熟悉各种工量具的使用，同时应掌握常用的划线方法。

课题 3　錾　削

3.1　錾削工具

錾削是用锤子敲击錾子对工件进行切削加工的一种方法。它是钳工工作中一项较重要的基本技能。

3.1.1 錾子

錾子一般用碳素工具钢锻成，其刃部经过了淬火和回火处理。

（1）錾子的构造

錾子主要由工作部分、柄部和头部组成（图 1-26）。柄部做成八棱柱状，头部呈圆锥形，顶端略带球形。

（2）錾子的种类

根据錾削情况的不同，錾子的种类很多（图 1-27）。

1）阔錾（扁錾）[图 1-27（a）]。

2）狭錾（尖錾）[图 1-27（b）]。

3）油槽錾 [图 1-27（c）]。

4）扁冲錾 [图 1-27（d）]。

（3）錾子的刃磨

新锻制的或用钝了的錾子，都需要用

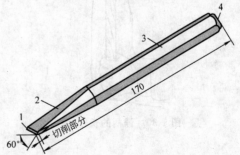

图 1-26　錾子的构造

1—切削刀；2—斜面；3—柄部；4—头部

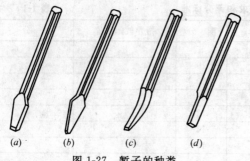

图 1-27 錾子的种类

(a) 阔錾；(b) 狭錾；(c) 油槽錾；(d) 扁冲錾

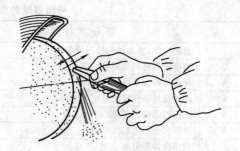

图 1-28 錾子的刃磨

砂轮磨锐。磨錾子的方法是，将錾子搁在旋转着的砂轮的轮缘上，但必须高于砂轮中心，两手拿住錾身，一手在上，一手在下，在砂轮的全宽上作左右移动（图 1-28）。刃磨过程中，要不断地蘸水冷却。以避免摩擦产生的热使刃口退火变软。刃磨后的錾子楔角可使用样板或角度尺进行检查。

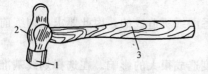

图 1-29 锤子

1—锤头；2—斜楔铁；3—木柄

3.1.2 锤子

锤子是钳工最常用的工具，它由锤头和木柄两部分组成（图 1-29）。其种类很多，一般分为硬头锤子和软头锤子两种。

硬头锤子的锤头用碳钢制成，锤头两端都经过适当的热处理。

常用硬头锤子中，按其形状分圆头和方头两种；按其大小分为 0.25kg、0.5kg 和 1kg 三种。英制锤子则分为 0.5lb、1lb 和 1.5lb 三种。

锤头用 T7 钢制成，并经淬硬处理。木柄用胡桃木、檀木等硬而不脆的木材制成，手握处的断面应为椭圆形，以便于锤头定向和防止挥锤时锤柄转动。木柄的长度（图 1-30）应能使左手握锤头，右手握锤柄，右手小指刚好对齐左胳膊肘部。手柄的粗细要适当，要和锤头相称。

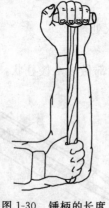

图 1-30 锤柄的长度

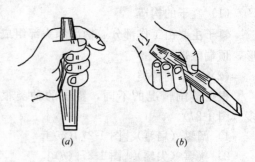

图 1-31 錾子的握法

(a) 正握法；(b) 反握法

锤头和手柄安装必须稳固可靠，以防止脱落而造成事故。为此锤头上的锤柄安装孔应制成两端都呈喇叭口状，锤柄嵌入后，端部再打入楔子，才不易松动。

3.2 錾削方法及安全知识

3.2.1 錾削方法

(1) 錾子的握法

1) 正握法。如图 1-31 (a) 所示，手心向下，用左手的中指、无名指和小指握持錾子，食指和大拇指作自然松靠，錾子头部伸出约 20mm。

2) 反握法。如图 1-31 (b) 所示，手心向上，手指自然捏住錾子，手掌悬空不与錾子接触。

3) 错误的握法。正握法由于手对錾子的握力不大，当锤击不准而误击到手上时，手很容易顺錾子滑下，不致被严重击伤。若将食指和大拇指也一起捏紧，则误击时轻则击破皮肉，重则击伤筋骨，并且握得太紧，錾削时工件产生的反弹力，由錾子传到手腕，容易受震并引起疲劳。

(2) 锤子的握法

1) 紧握法。用右手紧握锤柄，大拇指合在食指上，虎口对准锤头圆木部分，木柄尾端露出 15～30mm。在挥锤和锤击过程中，五指始终紧握（图 1-32）。这种握法比较紧张，手容易疲劳。

2) 松握法。只用大拇指和食指紧握锤柄。在挥锤时，小指、无名指、中指依次放松；在锤击时，又以相反的次序收拢握紧，如锤击弯头训练（图 1-33）。这种握法比较自然，手不易疲劳，且锤击力大。

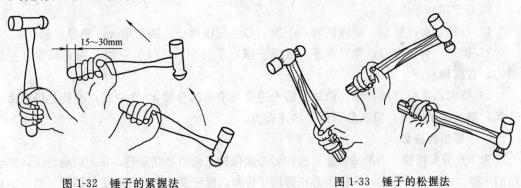

图 1-32 锤子的紧握法　　　　　　图 1-33 锤子的松握法

3) 错误的握法。手过远地握在柄端，大拇指放在锤柄上面 [图 1-34 (a)]，这样既握不稳又打不准。

手过近地靠近锤头 [图 1-34 (b)]，这样不能利用手腕的运动，并且手距离工件太近，锤击时软弱无力。

(3) 挥锤方法

挥锤有腕挥、肘挥和臂挥三种方法（图 1-35）。腕挥仅用手腕的动作进行锤击运动，锤击力较小，一般用于錾削余量较少或者錾削开始和结尾时。腕挥时，采用紧握法握锤，主要靠手腕运动进行锤击，小臂则随手腕稍作摆动，这样动作自然，才能打得准而有力；如果手腕的关节不动，主要靠小臂运动进行锤击，这样动作僵硬，不但锤击无力，而且打不准。肘挥是用手腕与肘部一起挥动作锤击运动，采用松握法握锤。因挥动幅度较大，故

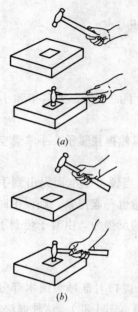
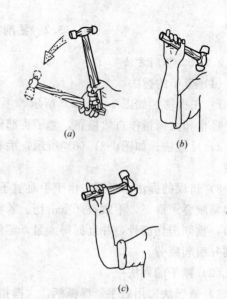

图 1-34 锤子的错误握法
(a) 手握过远；(b) 手握过近

图 1-35 挥锤方法
(a) 腕挥；(b) 肘挥；(c) 臂挥

锤击力也较大，应用最广。臂挥是手腕、肘和上臂一起挥动，挥动幅度最大，所以锤击力很大，用于錾削量较大的时候。

锤击要领如下所述。

1) 挥锤：肘收臂提，举锤过肩，手腕后弓，三指微松，锤面朝天，稍停瞬间。

2) 锤击：目视錾刃，臂肘齐下，收紧三指，手腕加劲，锤錾一线，锤走弧形，左脚着力，右腿伸直。

3) 要求：要稳、准、狠，稳就是锤击速度与节奏每分钟 40 次左右；准就是锤击命中率高，敲在錾子中间；狠就是指锤击加速有力。

(4) 錾削的姿势

为了充分发挥较大的敲击力量，操作者必须保持正确的站立姿势，在一般场合下，左脚超前半步，两腿自然站立，人体重心稍微偏于后脚，视线要落在工件的切削部位（图 1-36）。

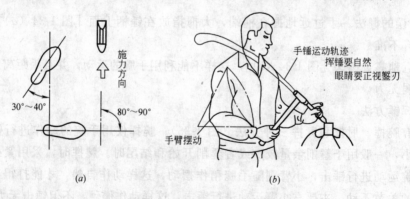

图 1-36 錾削时的步位和姿势
(a) 步位；(b) 姿势

为了获得要求的錾削质量,除了敲击应该准确以外,錾子的位置也必须保持正确和稳定不变。特别要注意刀刃在每次敲击时都保证接触在工件原来的切削部位,而不能脱离;否则,将不能錾削出平滑的表面来。

3.2.2 錾削的安全知识

(1) 工件必须用台虎钳夹紧,一般錾削表面高于钳口 10mm 左右,底面若与钳身脱开,则须加木块垫衬。

(2) 錾削时钳桌上要装防护网。

(3) 錾子应经常刃磨,以保持锋利。过钝的錾子不但錾削费力,而且容易打滑,导致手部受损伤。

(4) 錾子的头部有明显的毛刺造成翻边时,要及时磨去,避免破碎伤手。

(5) 锤子的木柄要装牢,不能松动或损坏,以防止锤头脱落飞出伤人。

(6) 錾屑要用刷子刷掉,不得用手去抹和用嘴吹。

3.3 训练课题

3.3.1 錾削大平面

(1) 目的和要求

目的:通过对大平面的錾削加工,掌握大平面錾削方法及正确的錾削姿势和锤击动作,并能达到一定精度,同时复习钢尺和卡钳的使用方法。

要求:实习件完成后,要达到尺寸公差小于±1mm,平面度误差小于0.7mm。

(2) 材料:

长方铁一件。

(3) 工具及材料

阔錾三把、狭錾一把、卡钳一把、划线工具一套、锤子一把。

(4) 训练步骤(图 1-37)

1) 检查来料尺寸并清理工件。

2) 在平板上利用划针盘将工件四周划出厚度为 (28±1)mm 尺寸的平面加工线(一面须划出直向开槽线,另一面仅划出平面加工线)。

3) 先用狭錾錾出直槽,然后用阔錾以较大的錾削量錾去槽间凸起部分,最后顺直向作平面的修正錾削,达到平面度0.7mm的要求且錾痕整齐(作基准面A)。

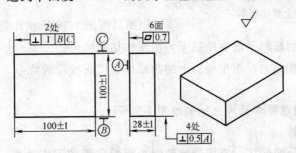

图 1-37 錾削大平面的训练图

4）用阔錾顺直向粗、细錾另一面，达到图纸有关技术要求。

5）划出宽度为（100±1）mm尺寸的平面加工线，用阔錾粗、细錾削，达到图纸有关技术要求。

6）划出长度为（100±1）mm尺寸的平面加工线，用阔錾粗、细錾削，达到图纸有关技术要求。

7）复检全部錾削质量，并作必要的修正加工。

（5）质量要求

本训练课题的质量要求及评分标准如表1-2所示。

錾削大平面的质量要求和评分标准　　　　　　　　　表1-2

项次	内容与技术要求	标准分	指导教师评价	评分
1	平面度0.7(6面)	10		
2	垂直度	15		
3	尺寸要求≤1	20		
4	同一尺寸的尺寸差 平行度≤1.6	15		
5	錾削痕整齐	10		
6	錾削姿势正确	20		
7	文明生产与安全生产	10		
总分	100分　姓名　　　　学号		教师签名：	成绩

3.3.2 錾切板料

（1）目的和要求

通过训练掌握在铁上和台虎钳上錾切板料的方法和技能，懂得板料錾切时的安全知识。

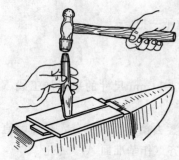

图1-38　在铁砧上錾切板料

（2）器材

薄板料（厚度在2mm以下）一块。

（3）工具及材料

钳工台、台虎钳、铁砧、阔錾两把、锤子一把、刷子一把。

（4）训练步骤

1）切断薄板料时，先将板料按划线夹成与钳口平齐。

2）用阔錾按图1-38所示作直线切断练习。

3）将尺寸较大的板料平放在铁砧上，按图作切断练习。

4）将板料放在铁砧上，根据板料上的曲线作錾切曲线段的练习。

（5）质量要求

本训练课题的质量要求及评分标准如表1-3所示。

3.3.3 质量分析

1）錾子切削部分的好坏，直接影响錾削表面的质量和工作效率，在使用过程中要经常刃磨。要求楔角的大小要与工件的材料相适应且两边对称于中心线，锋口两面一样宽，刃口成一条直线。

表 1-3　錾切板材的质量要求和评分标准

项次	内容与技术要求	标准分	指导教师评价	评分
1	錾切方法正确	20		
2	錾切过程中錾痕连接齐整	20		
3	錾切尺寸准确	20		
4	錾切姿势正确	20		
5	安全与文明生产	20		
总分	100 分　姓名　　　学号　　　教师签名：　　　成绩			

2）为保证錾削平面的平整度，在加工宽平面时，应先用窄錾开槽，然后用平錾錾平。

3）錾切厚板料时，为确保錾切质量，需在板料下面垫上衬垫进行錾切。

4）要重视錾削主要角度对錾削质量的影响，其中錾削后角是关键角度，一般以 $5°\sim 8°$ 为宜。在錾削过程中，应掌握好錾子，使后角保持稳定不变，否则工件表面将錾得高低不平。

5）在操作过程中，刃口不要老顶住工件工作，要每錾二三次后，将錾子退回一些，这样既可以观察錾削刃口的平整度，又可以使手臂达到放松，效果更好。

课题 4　锉　削

4.1　锉削工具

锉削就是用锉刀从工件表面锉掉多余的金属，使工件达到所需的尺寸、形状和表面粗糙度的操作。锉削的加工范围包括平面、曲面、内外圆弧面和沟槽等。锉削是钳工工作中必须掌握的一项技能。

4.1.1　锉刀

（1）锉刀的材料及结构

锉刀是用高碳工具钢制成，经过热处理，硬度达 HRC62～67，是专业厂生产的一种标准工具。

锉刀由锉身和木柄组成，各部分的名称，如图 1-39 所示。

（2）锉刀的齿纹

锉刀的齿纹有单齿纹和双齿纹两种（图 1-40）。单齿纹［图 1-40（a）］锉削时需要较大

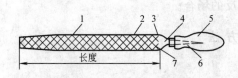

图 1-39　锉刀的各部分名称
1—锉刀面；2—锉刀边；3—底齿；4—锉刀尾；
5—木柄；6—舌；7—面齿

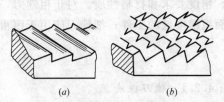

图 1-40　齿纹的种类
(a) 单齿纹；(b) 双齿纹

的切削力，切屑易堵塞，适用于锉软金属。双齿纹［图1-40（b）］锉刀上齿纹按两个方向排列。

双齿纹锉刀主要适用于锉削硬材料。

(3) 锉刀的种类

1) 锉刀共分普通锉、特种锉和整形锉（什锦锉）三类。

2) 普通锉按其断面形状的不同分为平锉（板锉）、方锉、三角锉、半圆锉和圆锉等五种（图1-41）。

3) 整形锉（什锦锉）也叫组锉，用于修整细小部位及各种断面形状（图1-42）。

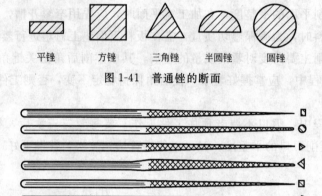

图1-41 普通锉的断面

图1-42 整形锉（什锦锉）

(4) 锉刀的规格

普通锉的规格，除圆锉用直径大小表示，方锉的规格以方形尺寸表示外，都用锉刀的长度表示，有100、150、200、250、300、350、400mm等。

锉刀的粗细规格是按锉刀齿纹的齿距大小来表示的，其粗细等级分以下几种。

1号：用于粗锉刀，齿距为0.83～2.3mm。

2号：用于中粗锉刀，齿距为0.42～0.77mm。

3号：用于细锉刀，齿距为0.25～0.33mm。

4号：用于双细锉刀，齿距为0.20～0.25mm。

5号：用于油光锉，齿距为0.16～0.20mm。

4.1.2 锉刀的选择

在工作中选择锉刀，取决于加工的形状要求；选择哪一级的锉刀，则取决于加工余量、精度要求和材料性质。对于粗锉刀，应用于锉削软金属，加工余量大、精度等级低和表面粗糙度低的工件；细锉刀应用于跟粗锉刀相反的场合。

4.2 锉削方法

4.2.1 锉刀握法

锉削时，通常根据锉刀的大小采取相应的握法。锉刀的握法掌握得正确与否，对锉削质量、锉削力量的发挥和疲劳程度有一定的影响。

比较大的锉刀（250mm以上的），用右手握锉刀柄，柄端顶住掌心，大拇指放在柄的上部，其余手指满握锉刀柄［图 1-43（a）］。左手的放置可以有三种［图 1-43（b）］。两手配合锉削时的姿势［图 1-43（c）］。其中左手的肘部要适当抬起，不要有下垂的姿态，否则不能发挥力量。

中型的锉刀（200mm 左右的），右手握法与大锉刀相同，左手只需用大拇指和食指、中指轻轻扶持即可，不必像大锉刀那样施加很大的力量［图 1-44（a）］。

较小的锉刀（150mm 左右的），两手握法有所不同［图 1-44（b）］。更小的锉刀（150mm 以下的），用一只手握住即可［图 1-44（c）］。

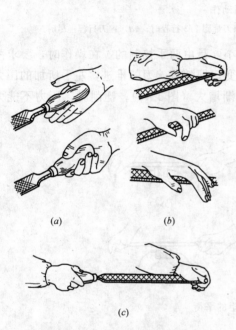

图 1-43　较大锉刀的握法
(a) 右手握法；(b) 左手握法；(c) 双手配合

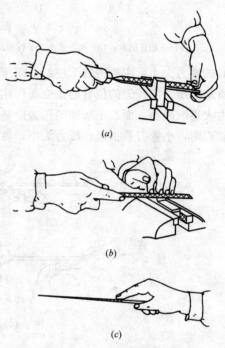

图 1-44　大、中、小型锉刀的握法
(a) 中型锉刀握法；(b) 较小型锉刀握法；
(c) 小型锉刀握法

4.2.2　锉削姿势

锉削时人的站立位置与錾削时相似。站立要自然并便于用力，以能适应不同的锉削要求为准。

锉削时身体的重心要落在左脚上，右膝伸直，左膝随锉削时的往复运动而屈伸。开始锉削时，身体稍向前倾 10°左右，重心落在左脚上，右脚伸直，右臂在后准备将锉刀向前推进［图 1-45（a）］。推进 1/3 行程时，身体前倾到 15°左右［图 1-45（b）］。再推进 1/3 行程时，身体前倾到 18°左右［图 1-45（c）］。当推到最后 1/3 行程时，身体自然地退回到 15°左右，两臂则继续将锉刀向前推进到头［图 1-45（d）］。锉削行程结束时，手和身体都恢复到原来姿势，同时，锉刀略提起退回原位。

4.2.3　锉削刀的运用和锉削速度

推进锉刀时两手加在锉刀上的压力应保证锉刀平稳而不上下摆动，这样，才能锉出平整的平面。这就要求锉刀的工件上任意位置时，锉刀前后两端所受的力矩应相等。推进锉

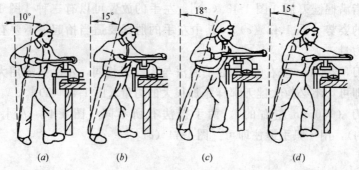

图 1-45 锉削动作

(a) 开始锉削时；(b) 锉刀推出 1/3 行程时；(c) 锉刀推到 2/3 行程时；(d) 锉刀行程推尽时

刀时的推力大小，主要由右手控制，而压力的大小，是由两手控制的。在操作时，要求两手所加的压力随锉刀的位置的改变而作相应的改变。即随着锉刀的推进，左手所加的压力是由大逐渐减小，而右手所加的压力应是由小逐渐增大（图 1-46）。锉削时，压力不能太大，否则，小锉刀易折断；压力太小，易打滑。

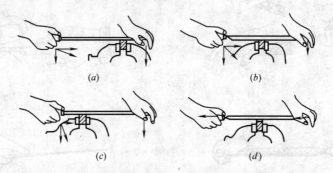

图 1-46 锉削力矩的平衡

同时锉削速度不能太快，否则容易疲劳和加快锉齿的磨损；速度太慢，效率不高。一般为每分钟 30~60 次为宜。

4.2.4 材料的夹持

材料夹持必须按钳工基本要求进行正确夹持，否则会直接影响锉削的质量。

4.2.5 检查平面度的方法

锉削后，其平面度通常都采用刀口直尺（或直角尺）通过透光法来检查（图 1-47）。

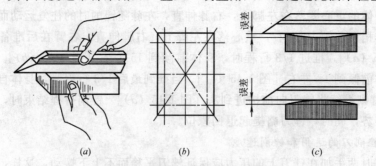

图 1-47 用刀口直尺检查平面度

(a) 刀口直尺的使用；(b) 多方向的检查；(c) 平直度误差的确定

检查时，刀口直尺应垂直放在工件表面上［图 1-47（a）］，并在加工面的纵向、横向、对角方向多处逐一进行检查［图 1-47（b）］。如果刀口直尺与工件平面间透光微弱而均匀，说明该平面是平直的；如果透光强弱不一，说明该面是不平的。平面度误差值的确定，可用厚薄规作塞入检查［图 1-47（c）］。

4.2.6 检查垂直度的方法

检查工件垂直度用直角尺通过透光法进行（图 1-48）。

4.2.7 锉配

经过锉削后，使两个零件的相配表面达到规定的要求，这项工作称为锉配。

锉配工作的基本方法是：先把相配中的一件锉好，然后按锉好的一件来锉配另一件。因为一般外表面比内表面容易加工，所以，最好先锉外表面，然后锉内表面。

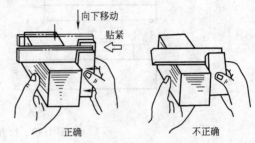

图 1-48 垂直度检查

4.2.8 锉削安全知识

1）锉刀柄应装紧，不可松动。不可使用无柄或木柄裂开的锉刀，用无柄的锉刀会刺伤手腕，用木柄裂开的锉刀会夹破手心。

2）锉削时，不可将锉刀柄撞击到工件上，否则手柄会突然脱开，钝刀尾部会弹起而刺伤人体。

3）锉削时的铁屑只能用刷子刷去，不可用嘴吹，防止铁屑末飞入眼中。

4）不可用手去清除铁屑，以防刺伤手，也不能用手去摸工件锉过的表面，因为手上有汗，会引起锉刀打滑，并且容易引起表面生锈。

5）锉刀放置时，不要露在钳台外面，以防锉刀落下砸伤脚和摔断锉刀。

4.3 训 练 课 题

4.3.1 锉削

（1）目的和要求

通过训练掌握正确的锉削姿势，懂得平面锉平的方法要领，并能掌握锉平面的初步技能；掌握用刀口直尺（或钢尺）检查平面度的方法。

（2）材料

HT150 工件（90mm×80mm×20mm）一件（图 1-49）。

（3）工具及材料

大平锉一把、钳工台、刀口尺、钢尺、游标卡尺。

（4）训练步骤

1）将实习件正确夹在台虎钳中间，锉削面高出钳口面约 15mm。

2）锉削基准面 A，达到平面度 0.04mm、表面粗糙度小于 12.5μm，要求用 300mm 大平锉。

3）用游标卡尺划出相距 18mm 尺寸的平面加工线，然后粗、精锉基准面 A 的对面，达到尺寸 18mm±0.15mm、平面度 0.04mm、表面粗糙度值小于 12.5μm。

4）按工件的编号顺序，结合划线，依次对基准面 A 的四个垂直面 1、2、3、4 进行加工。

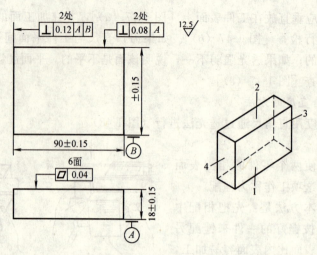

图 1-49 长方铁的尺寸

5) 按图加工完成后,全部进行精度复检,并做必要的修整锉削,最后将各锐边作 0.5mm×45°的均匀倒角。

4.3.2 质量要求

本训练课题的质量要求及评分标准如表 1-4 所示。

锉削的质量要求和评分标准　　　　　　　　　　　表 1-4

项次	项 目 及 要 求	配分	指导教师评价	评分
1	工件的夹持是否正确	5		
2	量具使用是否正确	5		
3	平面度误差 0.04 锉削整齐(6 面)	20		
4	尺寸误差在±0.15mm 内	18		
5	表面粗糙度值≤12.5μm	12		
6	垂直度误差是否符合要求	30		
7	安全文明生产	10		
总分	100 分　姓名　　　　　学号		教师签名:	成绩

4.3.3 质量分析

(1) 锉削质量检查可通过直角尺或刀口尺,采用透光法进行直线度和垂直度的检查。各部分尺寸可用游标卡尺测量;

(2) 由于划线不准确或锉削时未及时检查尺寸,造成形状尺寸不准确;

(3) 由于锉削时施力不当,或由于锉刀选择不合适,造成平面不平直,中间高、两边低;

(4) 锉刀粗细选择不当,或锉屑堵塞齿面而未及时清除,造成加工表面粗糙;

(5) 在装夹工件时,由于虎钳口未垫铜片,虎钳夹持工件过紧,造成工件夹坏。

课题 5　锯　　削

5.1　锯削工具

锯削的主要工具是手锯,它由锯弓和锯条两部分组成。

5.1.1 锯弓

锯弓是用来夹持和安装锯条的工具,它可分为固定式和可调节式两种(图1-50)。固定式锯弓只使用一种规格的锯条;可调节式锯弓弓架是两段组成,可使用几种不同规格的锯条。因此,可调节式锯弓更为常用。

5.1.2 锯条

(1) 锯条的材料及规格

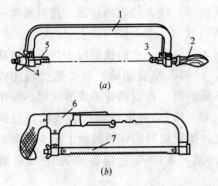

图1-50 锯弓的构造
(a) 固定式;(b) 可调节式
1—弓架;2—手柄;3—固定夹头;4—翼形螺母;
5—活动夹头;6—锯弓;7—锯条

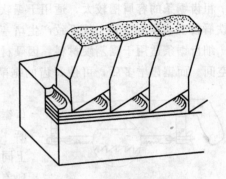

图1-51 锯齿的切削原理

锯条一般用碳素工具钢冷轧而成,也有用合金钢制成,并经热处理淬硬。锯条规格是以两端安装孔的中心距来表示的,钳工常用锯条规格是长300mm,宽12mm,厚0.8mm。

(2) 锯齿的切削原理

锯条的切削部分是由许多锯齿组成,相当于一排同样形状的錾子,每个齿都起到切削的作用(图1-51)。

(3) 锯路

锯条的许多锯齿在制造时按一定的规则左右错开,排列成一定的形状。称为锯路。锯

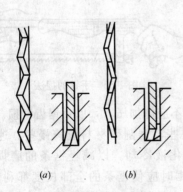

图1-52 锯齿的排列
(a) 交叉排列;(b) 波浪排列

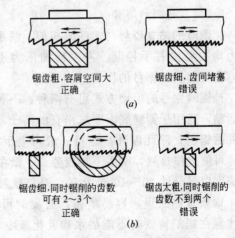

图1-53 锯齿粗细要合适
(a) 厚工件要用粗齿;(b) 薄工件要用细齿

路有交叉形和波浪形等（图1-52）。锯条有了锯路后，使工作上的锯缝宽度大于锯条背的厚度，这样，锯割时锯条既不会被卡住，又能减少锯条与锯缝的摩擦阻力，工作比较轻松顺利，锯条也不致过热而加快磨损。

（4）锯齿粗细

锯齿的粗细是以锯条每25mm长度内的齿数来表示的，有14、18、24和32等几种。14～18个齿的为粗齿锯条；24～32齿的为细齿锯条。

粗齿锯条的容屑槽较大，适用于锯软材料和锯较厚、较大的表面，因为此时每锯一次的铁屑较多，容屑空间大就不致产生堵塞而影响切削效率［图1-53（a）］。

细齿锯条适用于锯割硬材料，因硬材料不易锯入，每锯一次的铁屑较少，不会堵塞容屑空间。而锯齿增多后，可使每齿的锯削量减少，材料容易被切除，故推锯过程比较省力，锯齿也不易磨损。在锯割管子或薄板时必须用细齿锯条［图1-53（b）］，否则锯齿很易被钩住以致崩断。严格而言，薄壁材料的锯割截面上至少有两齿以上同时参加锯割，才能避免锯齿被钩住和崩断的现象。

（5）锯条的安装

安装锯条时，必须注意安装方向，因手锯在向前推进时才起到切削作用，所以应将齿尖的方向朝前［图1-54（a）］。如果方向相反［图1-54（b）］，就不能正常锯割。

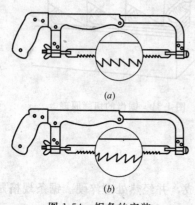

图1-54 锯条的安装
(a) 正确；(b) 错误

锯条的松紧也要控制适当。太紧锯条受力太大，锯割时稍有阻力锯条就容易弯折并且崩断；太松则锯割时锯条容易扭曲，也很可能折断，并且使锯缝容易发生歪斜。锯条安装调节好后，应检查锯条的平面与锯弓中心平面是否平行，不得倾斜或扭曲，否则锯割时锯缝容易歪斜。

5.2 锯割方法

5.2.1 锯割的姿势

锯割时的站立姿势与锉削时相似。两手握锯弓的姿势如图1-55所示。锯割时推力和压力均主要由右手控制。左手所加压力不要太大，主要起扶正锯弓的作用。

推锯时锯弓的运动方式可有两种：一种是直线运动，适用于锯缝底面要求平直的槽子和薄壁工件的锯割；除此以外，锯弓一般可上下摆动，

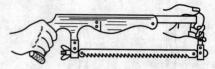

图1-55 手锯的握法

这样可使操作自然，两手不易疲劳。手锯在回程中，不应施加压力，以免锯齿磨损。锯割的速度以每分钟20～40次为宜。锯割软材料可以快些；锯割硬材料应该慢些。速度过快，锯条发热严重，容易磨损。必要时可加水或乳化液冷却，以减轻锯条的磨损，但需注意在锯割铸铁时不能加水和乳化液冷却。在推锯时应使锯条的全部长度都利用到。若只集中于局部长度使用，则锯条的使用寿命将相应缩短。一般往复长度应不小于锯条全长的2/3。

5.2.2 起锯的方法

起锯是锯割工作的开始,它直接影响锯割的质量。起锯有远起锯[图1-56(a)]和近起锯[图1-56(c)]两种。一般情况下采用远起锯较好,因为此时锯齿是逐步切入材料,锯齿不易被卡住,起锯比较方便。如果用近起锯,则掌握不好时,锯齿由于突然切入较深的材料,锯齿容易被工件棱边卡住,甚至崩断。但是,无论用远起锯或近起锯,起锯的角度需要合适(以 θ 超过15°为宜)。如果起锯角太大[图1-56(b)],则起锯不易平稳,尤其是近起锯时锯齿更易被工件棱边卡住。如起锯角太小,由于锯齿与工件同时接触的齿数较多,不易切入材料,经过多次起锯后就容易发生偏离,使工件表面锯出许多锯痕,影响表面质量。所以,为了保证起锯平稳和准确,可用指甲挡住锯条,使锯条保持在正确的位置上起锯(图1-56)。需注意的是起锯时施加的压力要小,往复行程要短,这样就容易准确地起锯。

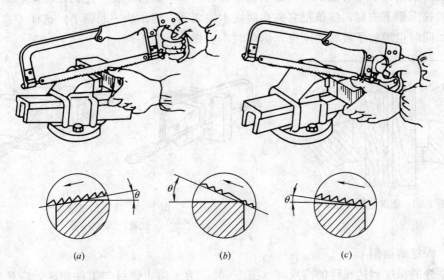

图 1-56 起锯方法
(a) 远起锯;(b) 起锯角太大;(c) 近起锯

5.2.3 材料的夹持

(1) 材料伸出钳口不应过长,防止锯割时产生振动。锯割线应和钳口边缘平行,并夹在台虎钳的左面,以便操作。

(2) 材料要夹紧,避免锯割时材料移动或使锯条折断。

(3) 防止材料变形和损坏外表面。

5.2.4 各种工件的锯割方法

(1) 管子的锯割

锯割管子的时候,首先要做好管子的正确夹持。对于薄壁管子和精加工过的管件,应夹在有 V 形槽的木垫之间(图1-57),以防夹扁和夹坏表面。

锯割时一般不要在一个方向上从开始连续锯到结束,因为锯齿容易被管壁钩住而崩断,尤其是薄壁管子更易出现这种现象。正确的方法是每个方向只锯到管子的内壁处,然后把管子转过一个角度,仍旧锯到管子的内壁处。如此逐渐改变方向,直至锯断为止(图

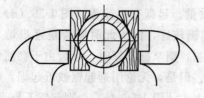

图 1-57 管子的夹持

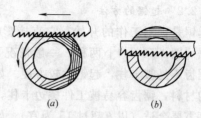

图 1-58 锯管子的方法
(a) 正确；(b) 不正确

1-58)。薄壁管子在转变方向时，应使已锯的部分向锯条推进方向转动；否则，锯齿仍有可能被管壁钩住。

（2）薄板料的锯割

锯割薄板料时，尽可能从宽的面上锯下去。这样，锯齿不易产生钩住现象。当一定要在板料的狭面锯下去时，应该把它夹在两块木块之间，连木块一起锯下。这样才可避免锯齿钩住，同时也增加了板料的刚度，锯割时不会弹动（图 1-59）。

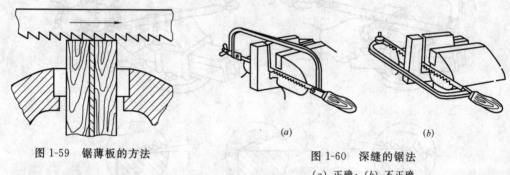

图 1-59 锯薄板的方法

图 1-60 深缝的锯法
(a) 正确；(b) 不正确

（3）深缝的锯割

当锯缝的深度到达锯弓的高度时（图 1-60），为了防止锯弓与工件相碰，应把锯条转过 90°安装后再锯。由于钳口的高度有限，工件应逐渐改变装夹位置，使锯割部位处于钳口附近，而不是在离钳口过高或过低的部位锯割。否则，工件因弹动而将影响锯割质量，也容易损坏锯条。

5.2.5 锯割的安全知识

（1）要防止锯条折断时从锯弓上弹出伤人。因此要特别注意工件快要锯断时压力要减小、锯条松紧装得要恰当，及不要突然用过大的力量锯割等几方面。

（2）工件被锯下的部分要防止跌落砸在脚上。

5.3 训练课题

5.3.1 锯削

（1）目的和要求

通过对圆管的锯削，掌握正确的锯割方法和操作姿势，并能达到一定的锯削精度，能正确安装和使用锯条，并采取有效措施，防止锯条的折断，做到安全文明操作。

（2）材料

圆管一根 $\phi 32mm \times 200mm$。

（3）工具及材料

锯弓一副、锯条、钳工工具、划线工具、钢直尺、钳工台等。

（4）训练步骤

1）按图纸要求（图1-61）在圆管上划出锯削加工线。

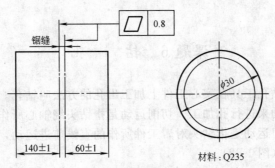

图1-61　锯削圆管

2）将圆管夹在台虎钳上，使锯削线超出并靠近钳口，保证锯削线所在的平面沿铅垂方向。

3）选用锯条，并正确安装在锯弓上。

4）用手锯沿锯削线连续锯到结束，保证图纸的要求。

5）去毛刺，进行复检。

5.3.2　质量要求

本训练课题的质量要求及评分标准如表1-5所示。

锯削的质量要求和评分标准　　　　　　　　表1-5

项次	项目及要求	配分	指导教师评价	评分
1	工件的夹持是否正确	10		
2	锯削的姿势是否正确	15		
3	锯削方法是否正确	15		
4	锯痕整齐	10		
5	尺寸公差符合图纸要求	15		
6	平面误差符合图纸要求	15		
7	锯条的安装、使用情况	10		
8	安全文明生产	10		
总分	100分　姓名	学号	教师签名	成绩

5.3.3　质量分析

（1）锯条损坏形式及原因分析

1）锯条安装不当、材料在加工过程中出现松动或抖动、锯削过程中用力不当、锯缝产生歪斜仍依靠锯条强行纠正，以上几种情况下锯条极易折断；

2）由于锯条粗细选择不当、起锯角过大、材料内有砂眼等缺陷可能导致锯条崩齿；

3）由于锯削速度过快，及锯削过程中不注意锯条冷却可能导致锯条磨损过快。

（2）材料锯削质量问题分析

1) 由于划线不准,或者锯切时未留足合适的余量,最终可能使加工出来的材料尺寸不对,不能达到要求;

2) 有时在锯削过程中会出现锯缝歪斜,这可能是由于锯条安装过松可扭曲,或者由于工件未夹紧,产生了抖动和松动造成的;

3) 在锯削完成后,锯削表面锯痕较多,这可能是在锯削进起锯角过小或起锯进锯条未靠紧定位造成的。

课题6 钻 孔

利用各种钻床和钻孔工具在实心工件上加工出孔的方法叫钻孔。钻孔时,钻头同时完成切削运动和进刀运动来进行孔加工。切削运动是指钻头绕轴心所作的旋转运动,也就是切下切屑的运动。进刀运动是指钻头对着工件所作的直线前进运动,也是使被切削金属层继续投入切削的运动(图1-62)。

6.1 钻床和麻花钻

6.1.1 钻床

钳工常用的钻床有台式钻床、立式钻床和摇臂钻床三类。

(1) 台式钻床

台式钻床简称台钻,其组成部分如图1-63所示。这是一种放在工作台上的小型钻床,一般用来加工直径≤13mm 的小孔。

图1-62 钻孔时钻头的运动

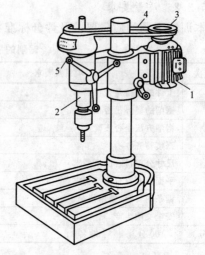

图1-63 台式钻床外形
1—电动机;2—主轴;3—皮带轮;
4—皮带;5—手柄

台钻由底座、工作台、立柱、主轴架、主轴等部分组成。主轴下端有锥孔,用以安装钻夹头或钻套,主轴转速通过变换三角带在带轮上的位置来调节,可以获得较高的转速。进给运动通常为手动进给。

(2) 立式钻床

立式钻床简称立钻，其组成部分如图1-64所示。一般用来钻中型工件上的孔，其最大钻孔直径有25、35、40、50mm几种。

(3) 摇臂钻床

摇臂钻床有一个能绕立柱旋转360°的摇臂，如图1-65所示。摇臂上装有主轴箱，可随摇臂一起沿立柱上下移动，并能在摇臂上作横向移动，可以方便地将刀具调整到所需的位置进行加工。因此，摇臂钻床一般用于多孔加工。

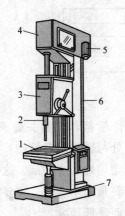 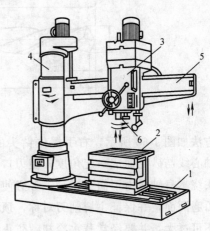

图1-64 立式钻床外形　　　　　　　　图1-65 摇臂钻床外形

1—工作台；2—主轴；3—进给箱；4—主轴　　　1—机座；2—工作台；3—主轴箱；4—立柱；
变速箱；5—电动机；6—立柱；7—机座　　　　　　　　　5—摇臂；6—主轴

(4) 手电钻

图1-66所示手电钻主要用于不便使用钻床的地方，作为钻孔加工的补充。它主要用于钻直径12mm以下的孔。手电钻有220V和380V两种，它携带方便、操作简单、使用灵活，在安装工程中广泛应用。

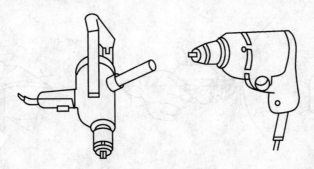

图1-66 手电钻外形

6.1.2 麻花钻

钻头也称为麻花钻，多用高速钢制成，并经淬火和回火处理。

(1) 麻花钻的构造

麻花钻主要由尾部、颈部和工作部分组成，如图1-67所示。

(2) 麻花钻的刃磨

由于钻头在钻削中磨钝或工件材料的不同，钻头的切削部分和角度经常需要刃磨。刃

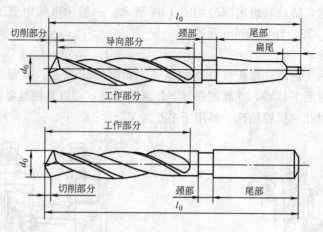

图 1-67 麻花钻的构造

磨的方法如图 1-68 所示，右手握住钻头的头部，左手握住柄部，使钻头处于水平位置。钻头轴心线与砂轮面成一定角度，使刃口略高，砂轮中心处与砂轮轻轻接触，右手缓慢地使钻头绕本身轴线由下向上转动，务必使整个后刃面都能均匀地磨去一层。这样不断反复轮换刃磨两面，并保证主切削刃对称，顶角、后角和横刃斜角大小合适。需要注意刃磨时压力不可过大，并要经常蘸水冷却，防止钻头因过热退火而降低硬度。

钻头刃磨后，可用检验样板检验其几何角度及两主切削刃的对称性（图 1-69），常用目测法进行检查。目测时，将钻头竖起，立在眼前，两眼平视，观看刃口。因为两钻刃一前一后，会产生视差，因此，观看两刃时，往往感到左刃（前刃）高。然后将钻头绕轴心线旋转 180°，这样反复几次，如果看到的结果一样，则说明钻头对称。钻头后角的大小，则观察横刃斜角是否接近 55°，横刃斜角大，则后角太小；横刃斜角小，则后角太大。另外，横刃要基本平直。

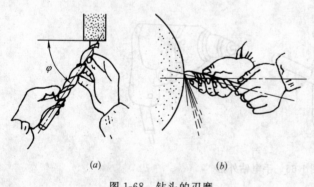

图 1-68 钻头的刃磨
(a) 正视图；(b) 侧视图

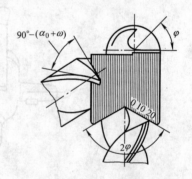

图 1-69 用样板检查刃磨角度

6.2 钻孔的方法

6.2.1 划线

按钻孔的位置尺寸要求，划出孔的十字中心线，并打上中心样冲眼，再按孔的大小划出孔的圆周线。对钻削直径较大的孔,应划出几个大小不等的检查圆［图1-70（a）］,以便钻孔时检查和找正钻孔位置。当钻孔的位置精度要求较高,为了避免样冲眼所产生的偏差,也可直接划出以孔中心线为对称中心的几个大小不等的方格［图1-70（b）］,作为钻孔时的检查线。然后,将中心样冲眼敲大,以便准确落钻定心。

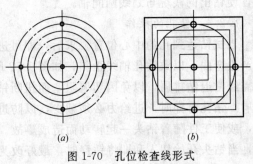

图1-70 孔位检查线形式
(a) 检查圆;(b) 检查方格

6.2.2 装夹

工件钻孔时,要根据工件的形状和钻孔直径的大小,采用不同的装夹方法,以保证钻孔的质量和安全,常用的装夹方法如下:

(1) 平口钳装夹［图1-71（a）］,是用来装夹平整的小型工件。装夹时,应使工件表面与钻头垂直。钻直径大于8mm孔时,平口钳须用螺栓或压板固定。钻通孔工件时,应在工件底部垫上垫铁,空出钻穿时钻头的位置,以免钻坏平口钳。

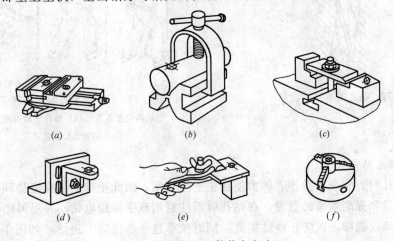

图1-71 工件装夹方法
(a) 用平口钳;(b) 用V形架;(c) 用压板;(d) 用角铁;
(e) 用手虎钳;(f) 用三爪卡盘

(2) V形架装夹［图1-71（b）］,是用来装夹圆柱形的工件。

(3) 用压板夹持［图1-71（c）］,对钻孔直径在10mm以上或不便用平口钳装夹的工件,可用压板夹持。

(4) 用角钢装夹［图1-71（d）］,对基准面需与工作台垂直安装的工件,可用角钢装夹。由于钻孔时,轴向钻削力作用在角钢安装面之外,故必须将角钢固定在工作台上。

(5) 用手虎钳夹持［图1-71（e）］,在小型工件或薄板件上钻小孔时,可将工件放置在垫块或木板上,用手虎钳夹持。

(6) 用三爪卡盘装夹［图1-71（f）］,在圆柱工件端面钻孔时,可利用三爪卡盘来安装夹紧工件。

6.2.3 试钻

钻孔时,先使钻头对准钻孔划线中心钻出浅坑,观察钻孔位置是否正确,并要不断找正，使钻出的浅坑与划线圆同轴。

6.2.4 钻孔的操作

当试钻达到孔的中心位置要求后，即可进行钻孔。手动进给时，不可用力过大，使钻头产生弯曲，以致钻孔轴线歪斜，如图 1-72 所示。钻直径较少的孔或深孔，进给力要小，并需经常退钻排屑，以免因切屑阻塞而扭断钻头，一般在钻深达到直径 3 倍时，必须退钻排屑，钻孔将穿时，进给力必须减少，以防进给量突然加大，增大切削抗力，导致钻头折断，或使工件随着钻头一起转动而造成事故。用机动进给时，需调整好钻头的转速和进给量，当钻头开始切入和即将钻穿时，最好改为手动进给。

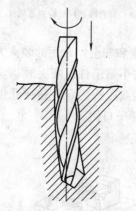

图 1-72 钻孔时轴线的歪斜

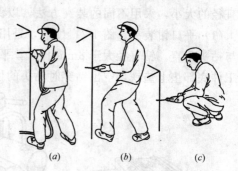

图 1-73 用电钻钻孔时的正确姿势
(a) 钻较高位置的孔；(b) 钻位于腰部高度的孔；
(c) 钻较低位置的孔

6.2.5 用电钻钻孔

用电钻钻孔时，完全靠操作者体力使钻头进给切削，因此正确的钻孔姿势和借力方法是保证钻孔质量和提高效率的前提。在钻孔时需注意用双手握稳电钻，并尽可能利用手臂紧靠胸部、腰部或腿部，以防止电钻摇晃，同时依靠这些部位借力进给，如图 1-73 所示。当钻削高于腰部的孔时，胸部应前倾，双手握电钻并紧靠胸部，靠上身前倾产生的力使钻头进给；当钻高度位于腰部或稍低于腰部的孔时，两腿呈弓步，左手握电钻上部，右手握柄端，并使钻头、电钻与左小臂成一直线，靠腰部力使钻头进给；当钻高度较低的孔时，应稍下蹲，两腿仍呈弓步，双手仍同上述方法握电钻，同样使电钻柄部处于水平位置，左手用膝盖顶住，靠腿部的力使钻头进给；当用电钻垂直向下钻孔时，左手用力压电钻上部使钻头进给，右手握柄端，防止钻头产生摇晃，并使钻头与加工面保持垂直。

孔钻穿前，手感觉到钻头发生振动或听到异样声音时，应立即减少或停止进给，否则会使钻头折断。钻削孔径为 8mm 或大于 8mm 时，应先用直径为 5mm 或 6mm 的钻头钻孔，然后再扩孔至 8mm，这样不仅能省力，还能保证钻孔的质量。

6.2.6 钻削的安全技术

钻孔时，工件一定要压紧（除较大工件上钻小孔时容易用手捏紧外）。在通孔将钻穿时要特别小心，尽量减小进给量，以防进给量突然增加而发生工件甩出等事故。

钻孔时，不准带手套，手中也不能拿棉纱头，以免不小心被切屑勾住发生人身事故。不准用手去拉切屑和用嘴吹碎屑，清除切屑应用钩子或刷子，并尽量在停车时清除。

钻孔时,工作台面上不准放置刀具、量具及其他物品。钻通孔时,工件下面必须垫上垫块或使钻头对准工作台的槽,以免损坏工作台。车未停妥不准去捏停钻夹头。松、紧钻夹头必须用钥匙,不准用手锤或其他东西敲打。钻头从钻头套中退出要用斜铁敲出。

钻床变速前应先停车。

使用电钻时(除低压及双层绝缘的电钻处),应戴橡皮手套和穿胶鞋(或脚踏在绝缘板上)以防触电。在工作中要随时注意人站立的稳定性,以防滑倒。

6.3 训练课题

6.3.1 平板钻孔

(1) 目的和要求

通过本次训练掌握标准麻花钻的刃磨方法,能正确运用钻孔的方法进行一般的钻削加工,懂得钻孔时工件的基本装夹方法并进行安全和文明操作。

(2) 材料

矩形铁板:1200mm×60mm×12mm,Q235。

(3) 工具及材料

砂轮机、标准麻花钻、冷却液适量、台钻一台、划线工具一套。

(4) 训练步骤

1) 根据图纸尺寸划线,如图 1-74 所示,并把中心点用样冲冲眼。

2) 根据图纸要求在工件上钻孔。

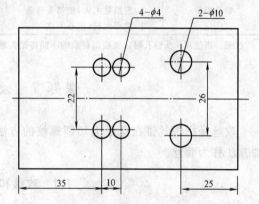

图 1-74 平板钻孔的尺寸

6.3.2 训练过程检查

本训练课题的质量要求和评分标准见表 1-6。

平板钻孔的质量要求和评分标准　　表 1-6

项 次	项目及要求	配 分	指导教师评价	评 分
1	工件装夹是否正确可靠	15		
2	钻头装夹是否正确可靠	15		
3	熟练操作钻床,方法是否正确	15		
4	在工件上划线是否正确	15		
5	钻孔的姿势是否正确	15		
6	成孔是否符合图纸要求	15		
7	安全文明生产	10		
总分	100 分　姓名　　　　学号		教师签名:	成绩

6.3.3 质量分析

钻孔时产生质量问题的原因主要是由于钻头刃磨不准确、钻头或工件装夹不当、切削用量选择不适当和操作不正确等所造成的,如表 1-7 所示。

钻孔时的质量问题分析　　　　　　　　　　　　　　表 1-7

废品形式	产 生 原 因
孔径大于规定尺寸	1. 钻头两切削刃长度不等,角度不对称 2. 钻头摆动(钻头弯曲、钻床主轴有摆动、钻头在钻夹头中未装好和钻头套表面不清洁等引起)
孔壁粗糙	1. 钻头不锋利 2. 进给量太大 3. 后角太大 4. 冷却润滑不充分
钻孔偏移	1. 划线或样冲眼中心不准 2. 工件装夹不稳固 3. 钻头横刃太长 4. 钻孔开始阶段未找正
钻孔歪斜	1. 钻头与工件表面不垂直(工件表面不平整和工件底面有切屑等污物所造成) 2. 进给量太大,使钻头弯曲 3. 横刃太长,定心不良

注意:当使用钻头钻孔时,要根据材质的不同将钻头磨出不同的切削角度进行加工。

课题 7　攻丝和套丝

攻丝是指用丝锥在孔壁上切削螺纹的方法。而采用板牙在圆杆或管子上加工出外螺纹的方法称为套丝。

7.1　攻丝和套丝的工具

7.1.1　攻丝的工具

(1) 丝锥

丝锥是在孔内攻出内螺纹的一种成型工具。制作丝锥的材料一般用合金工具钢或高速钢制造。

1) 丝锥的构造。丝锥由切削部分、定径(修光)部分和柄部组成,如图 1-75 所示。

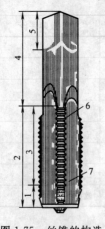

图 1-75　丝锥的构造
1—切削部分;2—工作部分;3—定径部分;
4—柄部;5—方头;6—刀刃;7—容屑槽

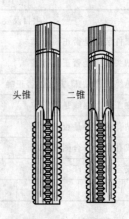

图 1-76　手用丝锥

切削部分是丝锥前部圆锥部分，有锋利的切削刃，起主要切削作用。

定径部分是确定螺纹直径及修光螺纹和作为丝锥的备磨部分。

2) 丝锥的种类。

A. 手用丝锥：如图 1-76 所示，一般是由两支组成一套，包括分头锥、二锥。丝锥螺距大于 2.5mm 时常制成三支为一套的丝锥。

B. 机用丝锥：是使用时装在机床上靠机动来攻丝，一般一套只有一支。

C. 管子丝锥：是管子接头、法兰盘等零件上攻出螺纹孔用的。

D. 斜槽丝锥：又称螺旋槽丝锥，是为了改善丝锥的排屑条件和提高切削效率，而将容屑槽做成斜槽（螺旋槽）的形式，如图 1-77 所示。

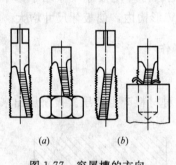

图 1-77 容屑槽的方向
(a) 左旋的；(b) 右旋的

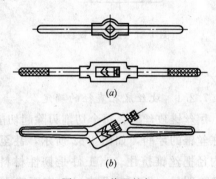

图 1-78 普通铰杠
(a) 固定式铰杠；(b) 可调节式铰杠

(2) 铰杠

用丝锥攻丝时一定要用铰杠。铰杠有普通铰杠（图 1-78）和丁字铰杠（图 1-79）两类。普通铰杠有固定式铰杠［图 1-78 (a)］和可调节式铰杠［图 1-78 (b)］两种。其中，固定式铰杠常用在攻 M5 以下的螺纹。而可调式铰杠可与多种丝锥配用，应用范围较广。

丁字铰杠主要用来攻制工件凸台旁的螺孔或机体内部的螺孔，也分固定式和可调节式两种（图 1-79）。

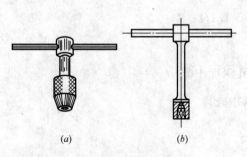

图 1-79 丁字铰杠
(a) 可调节式丁字铰杠；(b) 固定丁字铰杠

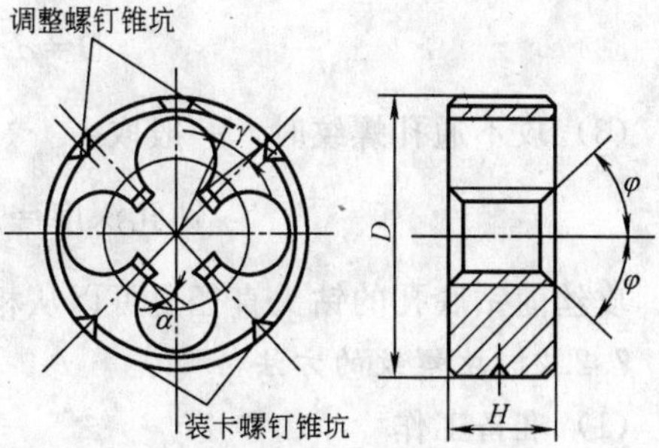

图 1-80 圆板牙

(3) 机用攻丝夹头

在钻床上攻丝时，要用攻丝夹头夹持丝锥，攻丝夹头能起安全保护作用，防止丝锥在负荷过大或攻不通孔到底时被折断。机用攻丝夹头的种类和结构形式较多。

7.1.2 套丝的工具
(1) 板牙

板牙是加工外螺纹的刀具,如图1-80所示。圆板牙结构就像一个圆螺母,只是在它上面钻有几个排屑孔并形成刀刃。

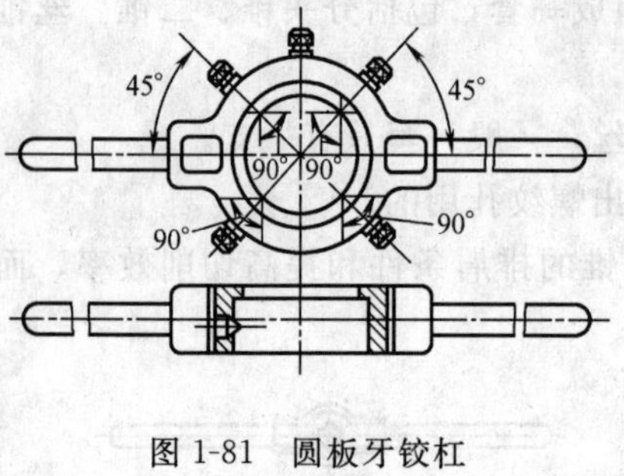

板牙的中间一段是校准部分,也是套丝时导向部分。

(2) 板牙铰杠

板牙铰杠结构如图1-81所示,在圆周上共有五个螺钉,下面两个紧定螺钉用来固定圆板牙,上面两侧紧定螺钉可使板牙尺寸缩小,中间螺钉可顶在板牙V形槽内,使板牙尺寸增大。

图1-81 圆板牙铰杠

7.2 攻丝的基本操作

7.2.1 攻丝底孔直径的确定

用丝锥攻丝时,每个切削刃除起切削作用外,还对材料产生挤压。被挤压出来的材料嵌在丝锥的牙间,如图1-82所示,甚至接触到丝锥内径把丝锥挤住。当工件是韧性材料时,这种现象更明显。所以钻孔直径一定要略大于螺纹规定的内径尺寸。根据经验,总结出钻普通螺纹底孔用钻头直径的计算公式如下。

(1) 当加工钢和塑性较大的材料时,钻头直径为

$$D=d-t$$

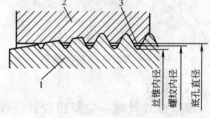

图1-82 攻丝时的挤压现象
1—丝锥;2—工件;3—挤压出的金属

式中 d——螺纹外径,mm;

t——螺距,mm。

(2) 当加工铸铁和塑性较小的材料时,钻头直径为

$$D=d-(1.05\sim1.1t)$$

(3) 攻不通孔螺纹时,一般取:

$$钻孔深度=所需螺孔深度+0.7d$$

攻丝前钻底孔的钻头直径也可以从相关资料中查得。

7.2.2 攻螺纹的方法

(1) 准备工作

攻螺纹前孔口必须倒角,通孔螺纹两端都要倒角,倒角处直径可略大于螺纹大径。这样可使丝锥开始切削时容易切入,并可防止孔口出现挤压出的凸边,螺纹攻穿时,最后一牙不易崩裂。

(2) 用头攻丝锥起攻

起攻时,把装在铰杠上的头攻丝锥插入孔内,使丝锥与工件表面垂直,右手握住铰杠

中间，加适当压力，左手配合作顺时针方向转动，如图 1-83 所示，同时需注意检查丝锥是否垂直，并不断找正至要求。然后两手平稳地继续旋转铰杠，这时不需再加压力。要经常倒转 1/4～1/2 圈，使切屑碎断容易排出，如图 1-84 所示，避免因切屑阻塞而卡住丝锥。

图 1-83 用头攻丝锥起攻

图 1-84 攻螺纹的方法

（3）用二攻丝锥攻螺纹

先用手将二攻丝锥旋入到不能旋进时，再装上铰杠继续攻螺纹，这样可避免损坏已攻出的螺纹和防止乱牙。当发现丝锥已钝，切削困难时，应更换新丝锥。

（4）攻不通孔

攻不通孔时可在丝锥上做好深度标记，并经常退出丝锥，清除留在孔内的切屑。否则，会因切屑堵塞引起丝锥折断或攻出的螺纹达不到深度要求。

（5）攻钢件的螺孔

攻钢件螺纹孔时可用机械油润滑，以减少切削阻力和提高螺孔的表面质量；攻铸铁件螺孔时，可加煤油润滑。

7.2.3 攻丝的要点

（1）工件上螺纹底孔的孔口要倒角，通孔螺纹两端都倒角。可使丝锥开始切削时容易切入，并可防止孔口的螺纹牙崩裂。

（2）工件的装夹位置要正确，尽量使螺孔中心线置于水平或垂直位置。

（3）在开始攻丝时，要尽量把丝锥放正，然后对丝锥加压力并转动铰杠，当切 1～2 圈时，再仔细观察和校正丝锥的位置。

（4）攻丝时，每扳转铰杠 1/2～1 圈，就应倒转约 1/2 圈，使切屑碎断后容易排除，并可减少切削刃因钻屑而使丝锥轧住的现象。

（5）攻不通的螺孔，要经常退出丝锥，排除孔中的切屑，尤其当将要攻到孔底时，更应及时清除积屑，以免丝锥攻入时被轧住。

（6）攻塑性材料的螺孔时，要加润滑冷却液，以减少切削阻力，提高螺孔表面粗糙度和延长丝锥寿命。

（7）攻丝过程中换用后一支丝锥时，要用手先旋入已攻出的螺纹中，至不能再旋进时，然后用铰杠扳转，避免一开始就用铰杠把丝锥旋入。否则，由于铰杠在转动时难免晃动和压力把螺纹损坏。在未锥攻完退出时，也要避免快速转动铰杠，最好用手旋出，以保证已攻好的螺纹质量不受影响。

(8) 机攻时，丝锥与螺孔要保持同轴性。丝锥的校准部分不能全部出头，否则在返车退出丝锥时会产生乱牙。而且根据材料不同，选择不同的切削速度。一般钢料为0.1～0.25m/s；调质钢或较硬的钢料为0.08～0.16m/s；铸铁为0.13～0.16m/s。

7.3 套丝的基本操作

7.3.1 套丝前圆杆直径的确定

用板牙在钢料上套丝时，其牙尖也要被挤高一些。所以，圆杆直径应比螺纹的外径小一些。具体圆杆的直径可根据螺纹直径和材料性质，参照表1-8来选择。通常情况下硬质材料直径可稍大些，软质材料可稍小些。

也可用经验公式来确定：

圆杆直径 $$D = d - 0.13t$$

式中 d——螺纹外径，mm；

t——螺距，mm。

板牙套丝时圆杆的直径（mm） 表 1-8

粗牙普通螺纹			英制螺纹			圆柱管螺纹		
螺纹直径	螺距	螺杆直径		螺纹直径(in)	螺杆直径		螺纹直径(in)	管子外径	
		最小直径	最大直径		最小直径	最大直径		最小直径	最大直径
M6	1	5.8	5.9	1/4	5.9	6	1/8	9.4	9.5
M8	1.25	7.8	7.9	5/16	7.4	7.6	1/4	12.7	13
M10	1.5	9.75	9.85	3/8	9	9.2	3/8	16.2	16.5
M12	1.75	11.75	11.9	1/2	12	12.2	1/2	20.5	20.8
M14	2	13.7	13.85	—	—	—	5/8	22.5	22.8
M16	2	15.7	15.85	5/8	15.2	15.4	3/4	26	26.3
M18	2.5	17.7	17.85	—	—	—	7/8	29.8	30.1
M20	2.5	19.7	19.85	3/4	18.3	18.5	1	32.8	33.1
M22	2.5	21.7	21.85	7/8	21.4	21.6	$1\frac{1}{8}$	37.4	37.7
M24	3	23.65	23.8	1	24.5	24.8	$1\frac{1}{4}$	41.4	41.7
M27	3	26.65	26.8	$1\frac{1}{4}$	30.7	31	$1\frac{3}{8}$	43.8	44.1
M30	3.5	29.6	29.8	—	—	—	$1\frac{1}{2}$	47.3	47.6
M36	4	35.6	35.8	$1\frac{1}{2}$	37	37.3	—	—	—
M42	4.5	41.55	41.75	—	—	—	—	—	—
M48	5	47.5	47.7						
M52	5	51.5	51.7						
M60	5.5	59.45	59.7						
M64	6	63.4	63.7						
M68	6	67.4	67.7						

7.3.2 圆杆的夹持方法及套丝操作

(1) 圆杆的夹持方法

套螺纹时的切削力矩较大,若用台虎钳直接装夹圆杆,易使圆杆表面受到损伤,一般用V形夹块或厚铜片衬垫,如图1-85所示,才能保证夹紧可靠。

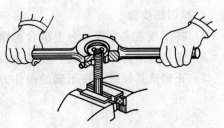

图1-85 圆杆的夹持方法

(2)套螺纹操作

开始套螺纹时,应使板牙端面与圆杆垂直,如图1-86所示,然后右手握住板牙架中部适当加压,并沿顺时针方向转动,使刀刃切入工件。板牙切入圆杆1~2牙后,检查是否垂直,并及时纠正,继续往下套时不必再加压力。套螺纹过程中,应经常倒转板牙,以便断屑。在钢件上套螺纹时,要加切削液,以提高螺纹的表面质量和延长板牙寿命。

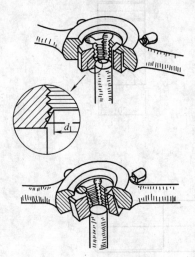

图1-86 套螺纹操作

7.3.3 套丝的要点

(1)为了使板牙容易对准工件和切入材料,圆杆端头要倒成15°~20°的角。

(2)套丝时切削力矩很大,圆杆要用硬木材料的V形块或厚的钢板作衬垫夹紧。而且圆杆套丝部分离钳口要尽量近。

(3)套丝时,要保持板牙的端面与圆杆轴线垂直,否则切出的螺纹牙齿一面深一面浅。螺纹长度较大时,甚至由于切削阻力太大而不能继续套丝,烂牙现象也特别严重。

(4)套丝开始时,要在转动板牙时施加轴向压力,转动要慢,压力要大。待板牙已旋入切出的螺纹时,就不要再加压力,以免损坏螺纹和板牙。

(5)套丝时,为了断屑,板牙也要时常侧转一下,但与攻丝相比,堵塞现象不易产生。

(6)在钢料上套丝要加润滑冷却液,以提高螺纹表面粗糙度和延长板牙使用寿命。一般用加浓的乳化液或机油,要求较高时用菜油或二硫化钼。

7.4 训练课题

7.4.1 攻丝和套丝

(1)目的和要求

通过本次训练掌握攻丝底孔直径和套丝圆杆直径的确定方法及攻丝和套丝的方法,能完成一般的攻丝和套丝操作。

(2)材料

钢板200mm×120mm×20mm;圆棒ϕ12mm;Q235。

(3)工具及材料

钳工台、丝锥一套、板牙一套、铰杠两件、板牙架一件、划线工具一套、润滑油适量。

(4) 训练步骤

1) 将平板装夹在钳工台上的台虎钳上。
2) 选择合适的钻头钻孔,并对孔口进行倒角。
3) 正确选择丝锥,按正确的操作方法依次完成攻丝练习(图1-87)。

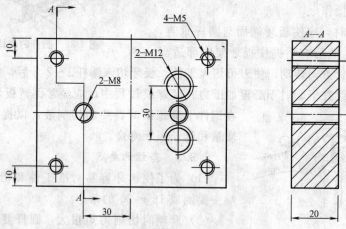

图1-87 攻丝和套丝的尺寸

4) 检查完成的工件,要达到图纸要求。
5) 取下工件,将圆棒装夹在台虎钳上(图1-88)。

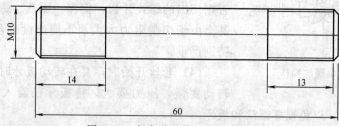

图1-88 完成后工件的尺寸要求

6) 选用合适的板牙对圆杆进行套丝操作,完成套丝练习。
7) 检查完成后的工件,要达到图纸要求。

7.4.2 训练过程检查

本训练课题的质量要求及评分标准如表1-9所示。

攻丝和套丝的质量要求和评分标准　　　　表1-9

项次	项目及要求	标准分	指导教师评价	评分
1	工件装夹是否正确	20		
2	选用丝锥是否正确	10		
3	选用板牙是否正确	10		
4	攻丝和套丝工具操作是否正确	25		
5	完成后的工件达到图纸要求	25		
6	安全文明生产	10		
总分	100分　姓名　　　学号		教师签名:	成绩

7.4.3 质量分析

攻丝及套丝中出现的质量问题主要是由于操作中违反操作规程及操作不熟练造成的，如表 1-10 所示。

攻丝质量分析　　　　　　　　　表 1-10

质量问题	产生原因
烂牙	1. 底孔太小，丝锥攻不进去，以致孔口烂牙 2. 头攻、二攻中心不重合 3. 螺孔攻歪偏多时，采用丝锥强行找正 4. 对低碳钢等塑性好的材料，未加切削液
螺纹牙深不够	攻丝前底孔直径钻得过大
螺孔攻歪	1. 手攻时，丝锥与工件端面不垂直 2. 机攻时，丝锥与加工孔中心没对准
螺孔中径太大	机攻时，丝锥晃动
滑牙	1. 攻丝时，碰到较大砂眼，丝锥打滑 2. 手攻不通孔时，丝锥已攻到底仍旋转丝锥

思 考 题

1. 钳工需要掌握的基本操作是什么？
2. 如何正确使用和维护台虎钳？
3. 常用划线工具的分类及使用方法是什么？
4. 划线的作用及划平行线和垂直线的方法是什么？
5. 常用錾削工具及其使用方法是什么？
6. 在锉平面的操作过程中需要注意哪些事项？
7. 锉削安全操作规范主要包括哪些内容？
8. 如何选择锯条？起锯及锯削时需注意哪些事项？
9. 麻花钻由哪几部分组成？
10. 常用钻孔的操作步骤及操作要领？
11. 攻 M16 的螺母需要选择多大的钻头？
12. 套丝的操作要点有哪些？

单元 2　管工的基本操作技能

知识点：
1. 管工常用设备的种类、规格及适用范围。
2. 管工常用工具的种类及作用。
3. 管工技能中管材调直、管口整圆、管材下料、管件制作、管子套螺纹、管道连接、管道弯制的基本操作方法。
4. 管工操作技能的质量要求及评定标准。

教学目标：
1. 通过本课题学习能熟练掌握管工常用设备及工具的使用及保养方法。
2. 熟悉并掌握管材调直、管口整圆、管材下料、管件制作、管道套螺纹、管道连接、管道弯制的操作技能。
3. 熟悉各训练课题的质量要求及评定标准。
4. 根据图纸要求能独立完成操作任务，具有一定的实践操作技能。

课题 1　管工常用的设备及工具

1.1　管工常用的设备

1.1.1　管子台虎钳

管子台虎钳又称压力钳、龙门钳，是管工工作的主要设备。管子台虎钳用螺栓固定在工作台上，用以夹持钢管，进行锯削、刀割、铰制螺纹（套螺纹）、上管件等工作，其结构见图 2-1。管子台虎钳的规格有 1、2、3、4、5 号，其夹持管子外径依次为 10~45mm、10~73mm、10~89mm、13~140mm、17~165mm。

1.1.2　台虎钳

管道工程使用台虎钳夹持圆钢煨管卡、夹持型钢锯割下料等。管工常用 125、150mm 两种规格的台虎钳。

1.1.3　千斤顶

千斤顶在管道工程中，用于顶高和顶偏。常用的有螺旋式千斤顶和液压千斤顶。螺旋式千斤顶是利用螺纹传动，用扳把回转丝杠顶起重物，有固定式、固定式 LQ 型和移动式三种。固定式千斤顶在顶升重物后，在未卸载以前不能作平面移动，移动式千斤顶在顶重过程中可以作水平移动。管道施工中常用固定式螺旋千斤顶和 LQ 型螺旋千斤顶，LQ 型千斤顶结构简单耐用，操作灵活方便，起升平稳准确，但效率较低，其结构见图 2-2。工作时，LQ 型千斤顶可置于任一位置上进行工作，起重量为 5~50t，起升高度为 130~400mm。

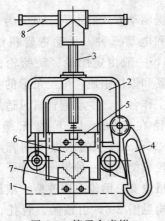
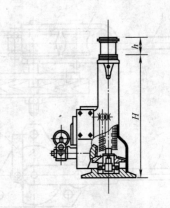

图 2-1 管子台虎钳

图 2-2 LQ 型螺旋千斤顶

1—底座；2—龙门架；3—丝杠；4—弯钩；
5—滑动块；6—上板牙；7—下板牙；8—手把

液压千斤顶工作时，利用千斤顶手柄驱动液压泵，将工作液体压入液压缸内，推动活塞上升，顶起重物。管道施工中常用 YQ 型液压千斤顶，其结构见图 2-3。它是一种手动液压千斤顶，重量轻，使用灵活，效率较高。YQ 型手动液压千斤顶起重量为 5~300t，起重高度为 160~200mm，同螺旋千斤顶相比，缺点是起升高度有限和起升速度较慢。

1.1.4 套螺纹机

套螺纹机又称套丝机，具有管子切断、倒内角、管子和圆钢套螺纹扣等各种功能，见图 2-4。使用时，先支上腿或放在工作台上，取下底盘里的铁屑筛的盖子，灌入润滑油，再把电源插头插入电源（注意电压必须相符），推上开关，即可进行套制管螺纹。

切断钢管时，把扩孔锥与板牙掀起，把刀放在钢管上，转动切刀螺钉，开始切割。切割粗管子时，可把润滑油直接喷在刀口上。

1.1.5 弯管机

弯管机又称煨管机，用于在常温下不充砂冷弯较小直径的管子。弯管机的种类较多，

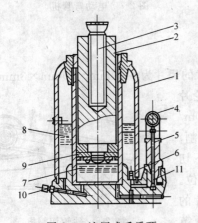
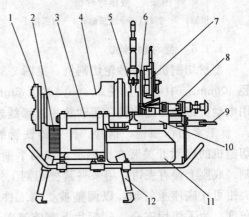

图 2-3 液压式千斤顶

图 2-4 套螺纹机结构

1—壳体；2—活塞；3—螺杆；4—摇柄；5—栓形活塞；
6—过滤器；7—高压油缸；8—储油池；9—皮垫环；
10—针形阀；11—球形止回阀

1—主轴夹头；2—减速箱；3—滑杆；4—注油孔；
5—切管器；6—出油管；7—板牙头；8—铣锥；9—进刀手柄；
10—支架拖板；11—油箱；12—支腿

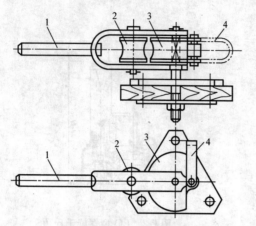

图 2-5 固定式手动弯管机
1—煨杠;2—动胎轮;3—定胎轮;4—管子夹持器

根据驱动方式的不同,可分为手动、液压和电动三种。手动弯管机结构见图2-5,一般由定胎轮、动胎轮、管子夹持器和煨杠组成,用三角形的夹板固定在工作台上。手动弯管机只适用于弯曲外径在32mm以下的无缝钢管和 $DN25mm$ 以下的水煤气钢管,每一对胎轮只能弯曲一种规格的管子,若管子规格改变,胎轮也要改变。液压弯管机结构见图2-6,由顶胎、管托、液压缸和加压把手组成,每一对顶胎只能弯曲一种规格的管子。

电动弯管机见图2-7,由电动机带动减速机传动胎轮,胎轮上设有管子夹持器,以夹紧管子固定在动胎轮上,然后旋转丝杠使导槽与管子相接触。煨制时,动胎轮和被夹紧的管子一起旋转至所需弯曲的角度。一般电动煨管机配备有各种尺寸的胎轮和导槽以适应施工的需要;电动弯管机最大弯曲角度可达到180°。

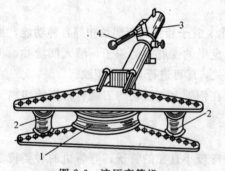

图 2-6 液压弯管机
1—顶胎;2—管托;3—液压缸;4—加压把手

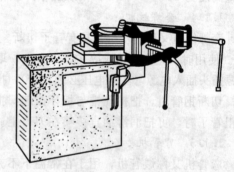

图 2-7 电动弯管机

1.1.6 型材切割机

型材切割机又称砂轮切割机,见图2-8。砂轮片的尺寸为 $\phi400mm\times20mm\times3mm$(外径400mm,中心孔直径20mm,厚度3mm),砂轮片用电动机带动高速旋转,新砂轮片边缘线速度达40m/s。管工常用作型钢、钢管、排水铸铁管的下料切割。切割机的启动开关装在手柄上,按动手柄即可向下切割。底座上设有夹钳,用来夹紧被切割工件以免移位。夹钳可在底座上转动,以调整被切割工件与砂轮片的角度。为了使用安全,砂轮片上有能遮盖180°以上范围的防护罩,在装砂轮片时必须与轴同心。另外,在操作时下压力不可过大,切勿使砂轮片受冲击力。

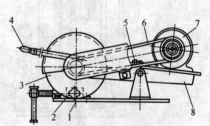

图 2-8 砂轮切割机
1—工作底座;2—夹管器;3—金刚砂锯片;4—手柄;5—张紧装置;6—传动装置;7—电动机;8—摇臂

1.1.7 角向磨光机

角向磨光机见图2-9，使用的电源电压为220V。是由一个小型电动机带动磨光砂轮片旋转，可磨掉钢管的毛刺、焊瘤，将坡口面磨出金属光泽，也可用以除锈。角向磨光机以磨光砂轮片的直径分为 $\phi100$、$\phi125$ 和 $\phi180mm$ 三种规格，常用砂轮片的直径为 $\phi100$、$\phi125mm$。

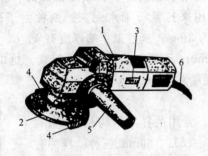

图2-9 角向磨光机

1—机身；2—磨光片；3—开关；4—防护罩；5—手柄 6—电源插头线

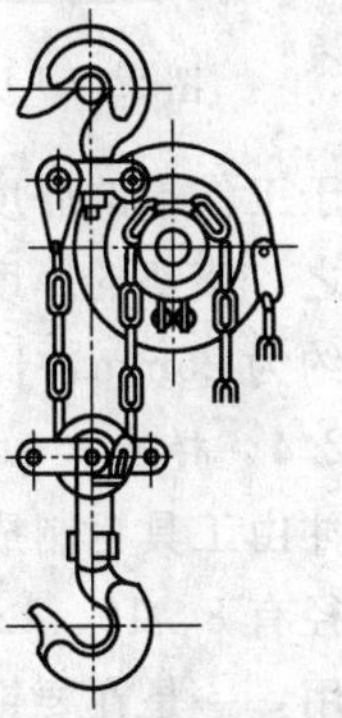

图2-10 链式起重机

1.1.8 手拉环链葫芦

手拉环链葫芦又称链式起重机或倒链，是一种悬挂式手动提升重物的设备，其结构见图2-10。在管道施工中经常使用小型倒链，SH1/2 和 SH1 最为常用，其参数见表2-1。它结构紧凑，密封性好，手拉力小，携带方便，应当注意的是使用时不得超载，以免发生安全事故。

SH1/2 和 SH1 手拉环链葫芦 表2-1

型号	起重量(t)	起重高度(m)	满载时手拉力(kg)	重量(kg)
SH1/2	0.5	2.5	19.5~22	11.5~16
SH1	1	2.5	21	16

另外，管道工在施工中常用钻床、手电钻等为工件钻孔，用以螺栓连接；用冲击电钻在砖墙或混凝土面上钻孔用以装设膨胀螺栓、管卡等。

1.2 管工常用的工具

1.2.1 锤子

管工进行管道安装与维修时常见的有质量为0.5、0.75和1.0kg三种锤子，用于矫正小型工件、打样冲、敲击各种錾子等。

1.2.2 錾子

錾子分扁錾、尖錾和凿三种。扁錾、尖錾见图1-27。扁錾又称扁铲、平口錾，一般长200mm，刃宽20~25mm，管道工程安装和维修中常用来剁割钢板及剔除清理气割后的铁渣等。尖錾一般长150~175mm，刃宽5~10mm，用于剔除折断在内螺纹中的螺纹头或零件的残部。凿分为起槽凿（攻錾）、修

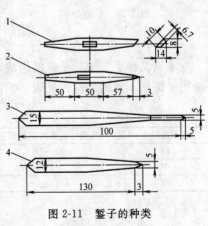

图2-11 錾子的种类

1—起槽凿；2—修槽凿；
3—大楔凿；4—小楔凿

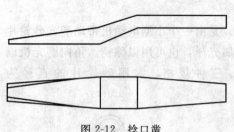

图 2-12 捻口凿

槽凿（裁錾）和大小楔凿，见图 2-11，用于錾切铸铁管、陶土管、石棉水泥管和混凝土管。

1.2.3 捻口凿

捻口凿又称麻錾和灰錾，属于自制工具，可由螺纹钢或六棱钢在热态下煅打而成，见图 2-12。麻錾是用于承插铸铁管填塞油麻时打紧油麻；灰錾是用来打紧石棉水泥灰。两种凿子外形一样，区别在于工作端的厚度：麻錾工作端的厚度为 3mm；灰錾工作端厚度有 4、6、8mm 等几种。总之，灰錾的厚度只比承插间隙小 1～2mm，否则石棉水泥不易打紧。捻口凿工作端的宽度约为 25mm，长度为 80mm，连同手握端总长 160～180mm。

1.2.4 样冲

样冲由工具钢制成，并经淬火硬化处理，常用的样冲结构见图 2-13。样冲直径有 8、10、12mm 三种，长度有 100、125、160mm 三种。样冲有三个作用：一是在要钻孔的十字中心线位置冲眼，便于钻孔，不错位；二是号料时，在粉线上用样冲打上冲眼，留有较长时间明显的标记，便于久存，利于加工识别；三是在剪切和气割的线上冲眼，在剪切、气割时不易错线，保证剪割质量。特别是刷过漆的钢板和钢管，经高温的氧-乙炔火焰加热后，用石笔画的线或弹的粉线立即消失，将不能保证气割的准确性。

1.2.5 划针

划针常与 90°角尺、钢直尺、样板等导向工具配合使用，可直接在板样、油毡、型材上划出线条，以便裁剪。划针及划针的用法见图 1-7。

图 2-13 样冲

1.2.6 划规和长划规

图 2-14 长划规

划规也称圆规，划规见图 1-8，长划规见图 2-14，它们都是管工放样用的工具。半径较小时，使用划规；若最大的划规张到最大角度都不足时，则使用长划规。划规的规格以其长度决定，有 150、200、250、300mm 几种，使用中，划规不能代替划针使用，以免造成尺寸误差。

1.2.7 手锯

手锯又称手工锯，手锯的组成、形式及锯条安装详见第 1 单元锯削部分。不同的齿距适用于锯削不同的材料，见表 2-2。

锯条的选用　　　　　　　　　　　　　　　　　表 2-2

锯条的种类	每英寸长度内锯齿数目	适 用 材 料
粗	14～18	锯软钢、铝、紫铜、较厚工件
中	24	锯普通钢材、铸铁、黄铜、厚壁管子、较厚的型钢
细	32	锯小而薄的型钢、板料、薄壁管、电缆及硬性金属

1.2.8 扳手

扳手用来安装和拆卸四方头螺栓、六方头螺栓、活接头、根母等零件。扳手分为可调整钳口大小的活扳手和固定钳口的呆扳手，见图 2-15。活扳手的规格见表 2-3。

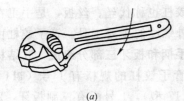
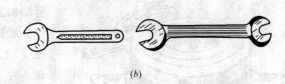

图 2-15 扳手

(a) 活扳手；(b) 呆扳手

活扳手的规格 表 2-3

长度(mm)	100	150	200	250	300	375	450	600
最大开口宽度(mm)	13	18	24	30	36	46	55	65

1.2.9 管子割刀

管子割刀又称割管器，用以割断 $DN100mm$ 以下的各种金属管。常用的为三轮式管子割刀，其结构见图 2-16。管子割刀有一个切割轮（切割滚轮）和两个压紧滚轮，故称三轮，切割轮由具有锋刀的工具合金钢制成。三轮式管子割刀分为 1、2、3、4 号四种规格，被切割管子的公称直径分别为不超过 25mm、15～50mm、25～80mm、50～100mm。

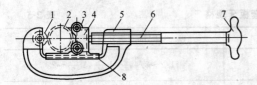
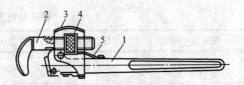

图 2-16 管子割刀

1—切割滚轮；2—被割管子；3—压紧滚轮；4—滑动支座；5—螺母；6—螺杆；7—手把；8—滑道

图 2-17 管钳

1—手柄；2—活动钳口；3—外套；4—螺母；5—弹簧片

1.2.10 管钳

管钳是管工最常用的工具之一，又称管子钳或管子扳手，其结构见图 2-17。管钳钳口通过螺母和外套与手柄相连，根据管径大小转动螺母至适当位置，即可用钳口上的齿咬牢管子，并可驱使管子转动，使管子与螺纹管件或螺纹附件拧紧或卸掉。管钳的规格以其长度来划分，其规格及适用的管子直径见表 2-4。在工作时一定要使用对应的管钳，若使用过大的管钳上小管，会觉得尚未用多大力气就将管件或阀门胀破了；若使用过小的管钳上大管，则钳口未必张得到那么大，即使勉强钳上也钳不牢，何况由于力臂短，用尽了力也上不紧管件等。使用管钳时，严禁用以代替手锤敲打物件，以免部件失灵或损坏。

1.2.11 链钳子

链钳子即链条式管钳，见图 2-18。用途同管钳，一般用得不多。

管钳子及适用的管子规格 表 2-4

管钳子长度规格(mm)	150	200	250	300	350	450	600	900	1200
夹持管子最大外径(mm)	20	25	30	40	50	60	70	80	100

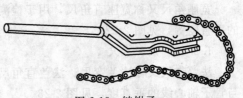

图 2-18 链钳子

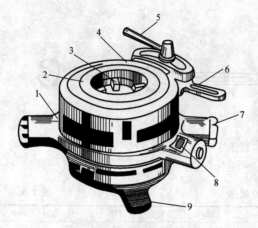

图 2-19 普通式铰杠
1—铰杠本体；2—固定盘；3—板牙；4—活动标盘；
5—标盘固定把手；6—板牙松紧把手；7—手柄；
8—棘轮；9—后卡爪手柄

1.2.12 管子铰杠

管子铰杠也称代丝、丝扳，是手工在钢管端加工外螺纹的主要工具。管子铰杠由机身、旋转手柄和板牙三部分组成，其结构见图 2-19。管子铰杠的规格有 1 号（114 型）和 2 号（117 型），1 号配有三副板牙，2 号配有两副板牙，每副板牙共有 4 块，每块上均标明 1、2、3、4，装板牙时必须"对号入座"（即板牙上的编号与铰杠本体上的编号相对应），每一副板牙可加工两种规格钢管的螺纹。管子铰杠的规格及套制钢管的公称直径见表 2-5。

1.2.13 钢直尺

钢直尺又称钢板尺，用于测量工件上两点间的长度，也可用于画直线，及钢管焊接连接组对时测量是否错口等。钢直尺通常用不锈钢制成，长度有 150、300、500 和 1000mm 四种，其分度值为 0.5 或 1mm，见图 2-20。

管子铰杠及配套板牙规格 表 2-5

铰杠型号	套制管螺纹的公称直径(mm)	配带的板牙规格(in)
1 号（114 型）	15~50（1/2~2in）	1/2~3/4，1~1 $\frac{1}{4}$，1 $\frac{1}{2}$~2
2 号（117 型）	65~100（2 $\frac{1}{2}$~4in）	2 $\frac{1}{2}$~3，3 $\frac{1}{2}$~4

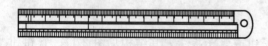 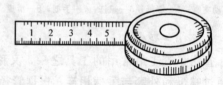

图 2-20 钢直尺　　　　　　　图 2-21 钢卷尺

1.2.14 钢卷尺

钢卷尺分为大钢卷尺和小钢卷尺两种。大钢卷尺长度有 5、10、15、20、30 和 50m 六种规格，用于测量较长的管线或距离；小钢卷尺有 1、2、3 和 3.5m 四种规格，用于测量较短管线或距离。图 2-21 所示为小钢卷尺。

1.2.15 宽座角尺

宽座角尺又称宽座直角尺，用于检测直角、画垂直线、安装定位，也可检验法兰安装的垂直度等，见图 2-22。

1.2.16 法兰靠尺

法兰靠尺又称法兰弯尺、法兰直角尺，专用于在组对法兰与管子时，检查法兰密封面与管子轴心线的垂直度，见图 2-23。

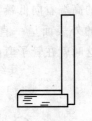 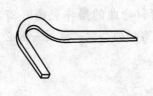 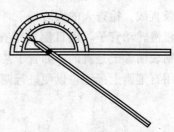

图 2-22 宽座角尺　　　　图 2-23 法兰靠尺　　　　图 2-24 活弯尺

1.2.17 活弯尺

活弯尺又称角度尺，在预制安装管道工程中用于划线和检测各种角度，其结构见图 2-24。

1.2.18 水平尺

水平尺用于检测管道的水平度、垂直度和坡度。水平尺有木水平尺、铝合金水平尺和铸铁水平尺。管工常用铸铁水平尺，见图 2-25。使用水平尺时要轻拿轻放，不得碰击和跌落，保护好玻璃管，用后装回盒内，以免碰撞损伤。

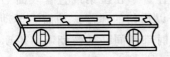 

图 2-25 水平尺　　　　　　　　图 2-26 线坠

1.2.19 线坠

线坠又称线锤，见图 2-26。线坠是测量工件垂直位置的简单工具，管道施工中用于测定管线垂直偏差状况。线坠用铁或黄铜车制而成，为锥形体，管工常用的线坠为 4.9N（0.5kg）以下的。

课题 2　管材调直、整圆

管材在装卸和运输过程中，难免要受到碰、撞、摔、扭等，使管材产生变形。管材变形不仅给管道装配工作带来困难，而且相应地增加了管道阻力，同时影响美观。为保证管道安装工程质量，达到横平、竖直标准，安装前，应对弯曲的管材进行调直，对管材两端口变形的应进行整圆。

2.1　管材调直的基本操作

2.1.1　管材弯曲的检查

管材在加工、安装前，应检查其平直度。通过检查，才能发现并确定管材弯曲部位和弯曲程度，从而选择适合的调直方法。检查管材平直度的方法有目测检查法、滚动检查法和拉线检查法三种。

（1）目测检查法

检查时，将管子的一端抬起，抬起端的高度以检查人的眼睛与管子高、低端三点成一条直线。检查人的头略低下，一只眼睛闭上，用另一只眼睛从管子的高端看向低端，同时慢慢转动管子。用目测法检查管材弯曲的操作见图2-27。若管子的外表面呈一直线时，则表明管子是直的；如管子某处有一面凸起，则另一面必然凹下，这时就在管子弯曲部位用石笔画上标记，以便进行调直。

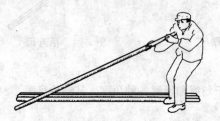 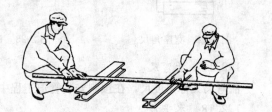

图2-27 用目测法检查管子的操作　　　　图2-28 用滚动法检查管子的操作

（2）滚动检查法

检查时，将管子对称地横放在两根平行且等高的型钢或直管上，两根型钢或直管的距离以被检查管子长度的一半为宜。用两手转动管子，让管子在型钢或直管表面上轻轻滚动。用滚动法检查管材弯曲的操作见图2-28。当管子以均匀的速度滚动而无摆动，即为直管；若管子滚动时快时慢，且来回摆动，每次停止时都是同一部位朝下，说明管子弯曲，此时应在弯曲部位做好标记，以便进行调直。

（3）拉线检查法

检查时，将管子水平放置，在管子的侧面从一端到另一端紧拉一根线，分别在两管端用钢直尺量取线到管壁的数值a（两数值必须相等），然后从管子的一端到另一端每间隔一小段用钢直尺量取线到管壁的数值b。用数值a减去数值b，若得数为零，则表明管子是直的；若得数为正值，则表明管子是凸弯；若得数为负值，则表明管子是凹弯。此时就在管子的凸弯和凹弯部位做好标记，以便进行调直。

2.1.2 管材的调直

管材的调直分为冷调直和热调直。管材的冷调直是指在常温状态下对管子不作加热而调直的方法。对于管径较小、弯曲度不大的管子，宜采用手工冷调法调直；对于管径较大、管壁厚或弯曲度稍大的管子，宜采用设备热调法调直。

图2-29 用锤击法调直管子的操作

（1）手工冷调法

手工冷调法调直管子有三种方法。

方法一：用锤击法调直管子。手工冷调是广泛应用的管子调直方法。调直$DN25mm$以内的钢管时，一般用两把手锤，一把锤子顶在管子弯里（凹面）起点处作为支点，用另一把锤子敲打管子背面（凸面）高点。用锤击法调直管子的操作见图2-29。敲打时需注意，两把锤子不能在管子的同一截面上下对着的敲打，以免将管子打扁，锤击点与支点要相互错开，可根据管径和管子弯曲程度，保持50～150mm距离，并在锤击处垫上木块。

方法二：在平台上调直管子。对于长度和弯曲较大的钢管，可在普通平台上调直。调直管子时，一人站在管子的一端，边转动管子边观察，找出弯曲部位，并将需要调直的弯曲凸面朝上，另一人按观察者的指点，用手锤在弯曲凸面处敲打。经几次翻转，反复矫正，直到调直为止。平台上调直管子的操作见图2-30。对于管径稍大的管子，也可用大锤从上向下敲打，但管子上面必须垫上胎具，不得直接敲打在管子表面上。调直时，要先从大弯处着手，继而再调小弯；用力要适中，过重了管子会产生凹陷和斑点；边敲打，边观察，边转动管子，反复矫正，直到管子调直为止。

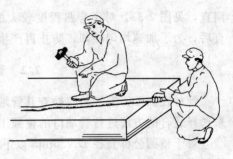

图 2-30 在平台上调直管子的操作

方法三：用专用工具调直管子。使用专用工具调直管子，既可减少工人的劳动强度，又可保证管子的调直的质量。用螺旋顶可以很方便地调直 $DN125mm$ 以内的管子。用这种简单的专用调直工具调直管子，单人亦可操作。用螺旋顶调直管子见图2-31。

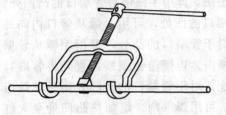

图 2-31 用螺旋顶调直管子

(2) 设备冷调法

调直管径较大、管壁较厚或弯曲较大的管材时，应用设备冷调直管子。管工常用丝杠式压力机冷调直管子，可调直 $DN325mm$ 以内，壁厚小于 $10mm$ 的管子。操作时，沿逆时针方向旋转丝杠，将压块提升到夹持管子所需要的高度，然后把管子插入，并将管子凸面朝上放置，担在两个垫块之间，垫块间的距离，可根据管子弯曲部位的长度进行适当调整。再沿顺时针方向旋转丝杠，迫使压块下落，从而将管子的凸出部位压下去，见图2-32。如此，管子几经转动和调整，适当用力加压，即可将管子调直。

图 2-32 用丝杠压力机调直管子
1—调直器；2—垫块；3—被调直的管子；4—支承台

在设备冷调法中，除用丝杠压力机冷调直管子外，还可用油压机或千斤顶进行调直。

(3) 管子的热调直

管子热调直是将管子弯曲部位在加热状态下进行调直的方法。适用于 $DN50mm$ 以上和弯曲较大的管子调直。操作时，先将管子弯曲部分放在烘炉上加热（管内不灌砂子）或用焊（割）炬加热，边加热边转动，钢管待加热到 $600\sim800℃$（呈火红色）时，热塑性塑料管用焊（割）炬稍稍加热弯曲部位至软化前（约 $100\sim180℃$），将管子抬放到由四根以上管子组成的在同一水平面上的滚动支撑架上滚动，火口在中央，使管子重量分别支撑在火口两端的管子上，以免产生重力弯曲，利用管子的自重将管子

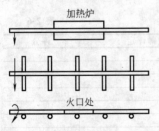

图 2-33 热调直弯管示意图

调直,见图 2-33。对于弯曲程度较大的管子,可在管子弯背处轻轻下压后再做滚动。调直后,为了加速均匀冷却,防止再产生弯曲和氧化,需在管子火口部位均匀涂上废机油。

2.2 管材整圆的基本操作

管材在加工,安装前应检查其管端口是否变形及变形程度。根据管径大小及变形程度来选择适合的方法进行管端口的整圆工作。

对于整圆公称直径 $DN25$mm 以下管材管端口的操作:先将圆锥形钢棒(小头端小于管材内径,大头端大于管材内径)插入管端口,用手锤敲击圆锥形钢棒端头,当钢棒与管端口刚刚紧配合时,用手锤轻轻敲击管端口外壁,直到将管端口整圆,抽出钢棒即可。

对于整圆大口径管材的管端口的操作:可用锤击法,即用手锤锤击管端口的凸凹处。对于管端口的凹处,可用手锤从管口内向外锤击;对于管端口的凸处,可用手锤从管壁外向内锤击。边锤击边观察,直到将管端口整圆为止。对于管端口的凸凹处用手锤锤击困难的,可用焊(割)炬加热凸凹处至火红色后,再用手锤锤击就容易了。

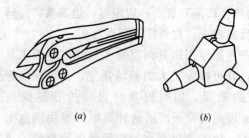

图 2-34 复合管的剪割与整圆工具
(a) 专用管剪;(b) 扩孔整圆器

对于复合管、PE 管等,用专用管剪剪口下料后,再用专用扩孔整圆器对管口进行整圆工作,见图 2-34。

2.3 训练课题及质量要求

通过管材调直、管口整圆的训练,掌握管材调直、管口整圆的方法及操作技能。

2.3.1 管材调直、整圆的训练

(1) 材料

$DN15$、$DN25$、$DN100$mm 的复合管、PE 管。

(2) 设备及工具

调直平台、锤子、圆锥形钢棒、石笔、专用管剪、扩孔整圆器。

(3) 训练步骤

1) 准备好调直、整圆的材料、设备、工具。
2) 管材进行弯曲部位的检查,并做好标记。
3) 选择适合的方法对管材弯曲部位进行调直。
4) 选择适当的方法对管材管端口进行整圆。

管材调直、整圆的质量要求和评分标准　　　　表 2-6

序号	质量要求及评定项目	配分	指导教师评定	评分
1	管材弯曲检查方法要正确	10		
2	管材调直方法要正确	20		
3	弯曲部位调直后表面无凹陷和斑点	20		
4	管材整圆操作合理	20		
5	使用工具的正确、操作姿势要正确	18		
6	安全文明生产	12		
总分	100 分　　姓名　　　　学号		教师签名:	成绩

2.3.2 质量要求

本训练课题的质量要求、评定项目及配分见表2-6。

2.3.3 质量分析

管材调直的质量分析见表2-7。

管材调直质量分析 表2-7

质量问题	产 生 原 因
管材表面凹陷和斑点	1. 锤击点与支点未错开50～150mm 2. 管子需调直部位未垫胎具,手锤直接敲打管子 3. 敲打用力不适中且过猛
管材弯曲部位仍有微弯	操作者或观察者技能操作不熟练,素质太低
管子热调直反复操作	1. 管子加热温度不够,增加加热次数而反复加热 2. 操作不熟练,火口不在支撑架中央

课题3 管材下料

3.1 管材下料的计算

在管道安装工程中,首先要根据施工图确定管道安装位置并通过实际测量确定管段长度,再计算管段的下料长度。经常遇到的是螺纹连接、承插连接、法兰连接和焊接的下料计算。

3.1.1 螺纹连接的管材下料计算

方法是根据管件(或阀件)的外形尺寸(即管件中心到端面的尺寸)和管材套丝后工作螺纹长度,及管段的构造长度L,经计算确定管段的下料长度l,见图2-35。其计算公式为

$$l_1 = L_1 - (a+b) + (a_1+b_1)$$
$$l_2 = L_2 - (b+c) + (b_1+c_1)$$

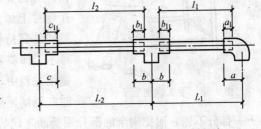

图2-35 管段的构造长度与下料长度

式中 a_1、b_1、c_1——管件的内螺纹丝扣长度,mm。

3.1.2 承插连接的管材下料计算

计算法下料:先测量出安装段的构造长度(两管件中心线之间的尺寸)L,再测量出两个管件相应的占据长度L_1、L_2,见图2-36,则有

$$l = L - L_1 - L_2$$

3.1.3 法兰连接的管材下料计算

管道用平焊法兰连接时,先测量出两片法兰之间的构造长度L,见图2-37,然后按下式计算下料长度l为

$$l = L - 2 \times 1.5s$$

式中 s——管壁厚度,mm。

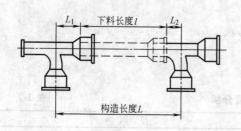
图 2-36 承插连接计算下料示意图

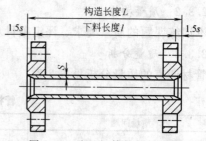
图 2-37 法兰短管的下料计算

3.2 下料的基本操作

在对管段进行下料计算后，可根据管材的材质、管径大小和现场施工条件，采用适合的方法对管材进行下料。常用的管材下料方法有：锯削、刀割、气割、磨割、錾切等。

3.2.1 锯削

锯削是管道施工中各种材质的管道下料较常用的一种方法。

图 2-38 手工锯削管子操作

锯削前，先用样板在管材上划好切断线，然后将管子固定在管子台虎钳上，再选择并安装好锯条（注意：原则上锯齿应朝前，但是当锯齿较粗，锯削较薄的工件时，锯齿宜朝后，防止锯齿崩裂）。操作时，用右手握紧锯把，左手扶在锯弓的前上部，锯条垂直放在切断线上开始起锯。起锯要缓慢，锯条"吃线"后，用推力进刀，但不要在锯弓上加力过猛，以免折断锯条，回拉时不要加力，且要始终保持锯条与管子中心线垂直，并经常转动管子，锯弓不得倾斜和左右摆动，以保证管材切口平直，见图 2-38。锯削过程中，应适当地向锯口处滴水或机油，当快要锯断时，锯削速度要减慢，力度要小，锯口要锯到底，不应留下一部分不锯，而把剩余的部分用折断来代替锯削，以防管壁变形而影响套螺纹或焊接。

3.2.2 刀割

刀割是用管子割管器切断管材的方法。刀割常用于切断钢管（$DN15\sim DN100$mm）、硬 PVC 管、铜管等。

割管前，应根据管径大小选用适合的割管器。操作时，先将管子固定在管子台虎钳上，在管子切割线和滚刀刃上涂机油，然后将管子套进割管器的两个压紧滚轮与切割滚刀之间，刀刃对准管子上的切断线，再按顺时针方向拧动手柄，用力将丝杆压下，使两个滚轮压紧管子，以管子为轴心向刀架方向回转（也可以往复转动 $120°$），边转动丝杆，边拧动手柄，滚刀即不断地切入管壁，直至切断管子为止，见图 2-39。操作时，必须始终保持滚刀与管子中心线垂直，并注意使切口前后相接，以避免将管口切偏。同时应注意，进刀量不可太大，以防止刀刃崩裂。在管子切

图 2-39 刀割管子操作

断后，需用铰刀或锉刀将管子内径缩小部分除去。

3.2.3 气割

气割是利用氧-乙炔高温火焰切割管子的方法。气割适用于切割 $DN100mm$ 以上的普通钢管。需套螺纹的管子不宜采用气割；合金钢管、不锈钢管、铜管、铝管等应用等离子切割。

气割操作前，一定要穿戴好劳动保护用品，戴好有色护目镜；检查工作场地是否符合安全生产要求；检查气割设备、工具是否处于正常工作状态；根据切割工件厚度选择好割嘴号码；备好割炬并点火调整好预热火焰，检查切割氧是否呈细而直的射流，判断风线是否良好。

气割管子时，应选择好操作位置，摆正操作姿势，双脚呈八字形蹲在管子切割线一侧，右臂紧靠住右膝盖，左臂置于两膝中间，前胸略挺，呼吸注意节奏，两眼注视管子切割线和割嘴。切割开始时，先对切割位置进行预热，待管子呈亮红色时，开启切割氧阀，并沿管子切断线匀速切割，火焰焰心与管子表面要保持 3～5mm 的距离，见图 2-40。气割管子过程中，转动管子而移动位置时，要关闭切割氧气阀，待重新定位后再行预热，然后开启切割氧气阀继续向前切割。操作中若因割嘴过热或割嘴堵塞等原因发生回火，而使火焰突然熄灭并发出"啪"的响声时，应立即关闭切割氧

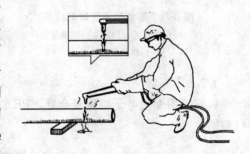

图 2-40 气割钢管操作

气阀，同时迅速将割炬抬起，并关闭乙炔阀，再关闭预热氧气阀。待割嘴（混合气管、射吸管）冷却后，清通割嘴，再行点火继续气割管子操作。气割结束时，应先关闭切割氧气阀，再关闭乙炔阀，最后关闭预热氧气阀。

3.2.4 磨割

磨割是利用金刚砂轮片在电动机驱动下作高速旋转而将管子切割的方法。常用于切断各种金属管、塑料管、陶瓷管等。

磨割前，先调整好夹管器，使夹管器挡板面与金刚砂锯片垂直，然后将划好切割线的管子装到工作台面上的夹管器内，使管子切割线对准金刚砂锯片，下压手柄，使砂锯片与管壁接触。当再一次确认砂锯片刃口与切割线对准无误后，启动手柄上的开关并轻轻压下手柄，就可进行切割管子。切割时，压手柄不可用力过猛，否则会因砂锯片进给过量而打碎锯片；切割中发现砂锯片不平稳或有振动、冲击现象时，应立即停止并检查；对已出现缺口的锯片，必须废弃并更换，应注意校正锯片与轴的同心度；当管子即将被切断时，应逐渐减少压力或不再施力，直到将管子切断为止。

3.2.5 錾切

錾切是对给水排水工程中用的铸铁管、陶土管、石棉水泥管和混凝土管的切断方法。錾切前，先划好管子切断线，在管子下面靠近切断线的两侧垫上厚木板，见图 2-41。錾切时，对于小直径管材，可直接用修槽凿裁錾成槽，然后从 2～3 个方向将管壁裁錾几处深槽，再用楔凿直接将管子切断。对于錾切大、中型管材时，由于管壁较厚，则首先应用起槽凿并配用质量为 2.5～3.5kg 的锤子，沿管子切断线錾切一周并尽量錾深一些，然后

用修槽凿裁成深槽,再用楔凿将管子楔断。錾槽的施力方向,力求与管子中心线垂直,见图 2-41。由两人操作錾切铸铁管,见图 2-42。

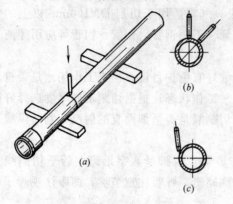

图 2-41 錾切铸铁管凿的位置
(a) 操作的位置;(b) 凿的正确位置;
(c) 凿的错误位置

图 2-42 錾切铸铁管的操作

3.2.6 剪割

剪割是用专用剪子切断复合管、PE 管等。操作简单,剪割后需要专用工具对管口进行整圆。

3.3 训练课题及质量要求

通过训练,掌握管材下料计算的方法及各种下料操作技能。

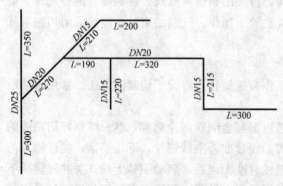

图 2-43 螺纹连接管子的下料计算简图

3.3.1 管材下料计算及下料操作训练
(1) 施工简图
施工简图见图 2-43(或实习指导教师任意出图)。
(2) 材料
$DN15$、$DN20$、$DN25$mm 的钢管、复合管及相应的各种管件,$DN50$、$DN150$mm 的铸铁管。
(3) 设备及工具
手工锯及锯条、割管器、气割工具(全套)、砂轮切割机、压力台虎钳台、专用管剪、扩孔整圆器、锤子、锉刀、钢卷尺(2m)、石笔、钢直尺(1m)、油毡、錾子。
(4) 训练步骤
1) 准备好材料、设备、工具。
2) 根据施工图纸进行管材下料计算。
3) 根据管材下料长度在管子上划好切割线。
4) 根据不同的管材选用不同的下料方法进行下料操作。
5) 整理管口。

3.3.2 质量要求

本训练课题的质量要求、评定项目和配分见表2-8。

管材下料计算及操作的质量要求及评分标准　　表2-8

序号	质量要求及评定项目	配分	指导教师评定	评分
1	管材下料计算要正确	10		
2	管材下料长度切割线要正确	15		
3	管材下料方法正确	20		
4	管材切口表面平整度≤3mm	15		
5	管材切口无裂纹、毛刺、凸凹和缩口	10		
6	使用工具正确、操作规范	20		
7	安全文明生产	10		
总分	100　姓名　　　　学号　　　　教师签名：　　　　成绩			

3.3.3 质量分析

管材下料的质量分析见表2-9。

管材下料质量分析　　表2-9

质量问题	产　生　原　因
管材下料长度错误	1. 对下料计算公式不熟悉 2. 测量构件长度或管件长度有误
管材切口歪斜、不平直	1. 切割时偏离切断线 2. 操作者技能不熟练，锯割时锯弓倾斜或左右摆动；气割时操作姿势不正确，手发抖
管材切口缩口	1. 切割结束后未用铰刀或锉刀清除管子内径缩小部分 2. 复合管、PE管剪割后未用专用整圆工具

课题4　管件的制作

4.1　管件制作的基本操作

在焊接钢管的安装工程中，遇到管道转弯、变径、分支等情况，一般使用制作简单、成本低的现场焊制管件。焊制管件制作的工序为：制作样板（放样）、划线、打样冲眼、切割、组对、焊接，其中放样最重要。

4.1.1　焊制弯头的制作

焊制弯头形象地称为虾米腰或虾壳弯，由两个端节和多个中间节焊接而成。端节为一端带斜截面，长度为中间节的一半；中间节为两端带斜截面。焊制弯头的组成形式见图2-44。焊制弯头是钢管施工中用得最多的焊制管件，用于管道转弯，其制作是用管路中的管道斜切焊制而成。焊制弯头结构图见图2-45。从图2-45中可知一个端节改变的角度等于半个中间节改变的角度，因此，放样时，只需放出端节样板，即可用对折法绘制出中间节样板。

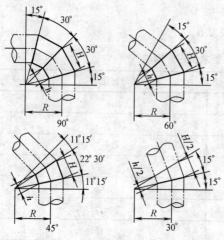

图 2-44 常用焊接弯头的形式

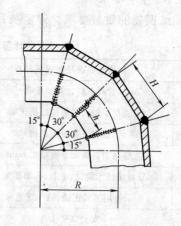

图 2-45 90°焊接弯头结构图

(1) 焊制弯头的放样方法及步骤

1) 计算端节背高和腹高:

$$H/2=(R+D_W/2-\delta)\cdot\tan\{\alpha/[2(n+1)]\}$$

$$h/2=(R-D_W/2)\cdot\tan\{\alpha/[2(n+1)]\}$$

上式为不开坡口时的计算,如开 V 形坡口,则上式中 $H/2$ 和 $h/2$ 应按内径计算。

式中 H——中间节背高,mm;

h——中间节腹高,mm;

R——弯头弯曲半径,mm,$R=(1\sim1.5)D$,管径小偏上限,管径大偏下限;

D_W——管子的外径,mm;

δ——管子的壁厚,mm;

α——管道转弯角度;

n——弯头中间节的节数。

规范规定每一个中间节改变的角度不得超过 30°,即 $\alpha/(n+1) \leqslant 30°$,在此前提下施工中自行决定,管径小则 n 小,管径大则 n 大。一般情况下,以 90°弯头为准,$DN150mm$ 以内,取 $n=2$;$DN200\sim400mm$,取 $n=3$;$DN500\sim800mm$,取 $n=4$;$DN900\sim1200mm$,取 $n=5$;$DN1300mm$ 以上,取 $n=6$。

2) 以管子外径为直径做圆,并分圆为 12 等分(若管径较大,$DN800mm$ 以上时,等分数可增多,以保证准确,但必须是 4 的整倍数),并将各等分分别编号,见图 2-46(a)。

3) 过同一直径与圆的两个交点(1,7)作切线,在切线上分别截取 $H/2$ 和 $h/2$,连接两截取点 $1'$、$7'$。过圆上对应等分点作线段,则被直径和 $1'7'$ 连线所截的各线段 $11'$,$22'\cdots77'$ 即为弯头中间节各素线长,见图 2-46 (a)。

4) 作样板展开图。样板长 $L=\pi(D_W+l)$,式中 l 是油毛毡厚度(mm),若是使用直缝卷焊管或螺旋卷焊管,由于焊缝的外凸,样板长度应在上式计算值加 3mm 左右。将样板长度 l 也分为 12 等分(展开长的等分数与圆的等分数相等),过各等分点作 EF 的垂线,见图 2-46 (b)。

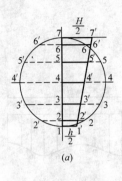
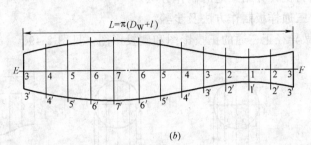

图 2-46 焊制弯头放样图

5) 过各等分点在垂线的上下方对应依次顺序截取各素线长（任一条素线作为端线均可，但以第三条素线为端线，样板较美观）。上下两边依次平滑连接（连接时应用曲线板，且每连接一次不少于三个点）各截点即得弯头样板（一个中间节），见图 2-46 (b) 中曲线部分。

(2) 焊制弯头下料、组对焊接

1) 下料：下料时，先在管子上平行于管子轴线划两条对称直线（即中心线，两条直线间距等于管子外周长的一半），然后将下料样板围在管子外表面，使下料样板 $44'$ 素线分别与管子所划的两条直线重合，沿下料样板在管子上划出两条切割线；再把下料样板旋转 $180°$，用上述方法划出另一中间节的两条切割线，直至将中间节划完为止。两条切割线之间应留足切割口宽度（用氧-乙炔焰切割时，根据管壁厚度留出 $3\sim5$mm 间隙；用手锯或砂轮机切割时，

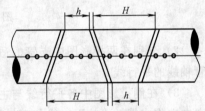

图 2-47 用管子制作焊制弯头的下料

切割口宽度应为锯条或砂轮片的厚度），见图 2-47。沿中心线在每段管节上用样冲打上冲眼。

2) 组对、焊接：焊制弯头在组对焊接前，应对各管节进行开坡口。操作时，各管节背部的坡口角度应开小一些，而腹部坡口应开大一些，否则弯头焊接后，会出现外侧焊缝宽，内侧焊缝窄的现象。组对时，应将各管节的中心线对准，先点焊中心线上的两点，将角度调整正确后，再定位点焊几处对称点，并经检查弯曲角度符合要求后（对于 90° 焊制弯头，施焊人员若先焊腹部，则在组对点焊时应将角度放大 $1°\sim2°$，若先焊背部，则在组

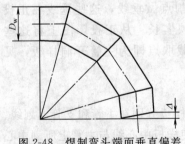

图 2-48 焊制弯头端面垂直偏差

对点焊时应将角度缩小 $1°\sim2°$，以便焊接收缩后得到准确的弯曲角度），方可进行焊接。焊接时，施焊人员应采取合理的焊接顺序，以减少焊接变形。

(3) 焊制弯头的质量要求

1) 焊制弯头腹部最小宽度应 ≥50mm。
2) 焊制弯头主要尺寸偏差应符合下列规定：

卷制管道周长偏差：$DN>1000$mm 时，不超过 ±6mm；$DN\leq1000$mm 时，不超过 ±4mm。

端面与中心线的垂直偏差，见图 2-48，不应大于管子外径的 1%，且不大于 3mm。

4.1.2 三通的制作

制作三通时，需先用展开法制作样板，然后根据样板在管子上划线、切割、组对、焊接即成。用展开法制作等径正、斜三通和异径正、斜三通样板的方法和步骤相同，现以异

径正三通为例,介绍三通的制作方法。

(1) 三通样板制作方法及步骤

1) 做异径正三通的正投影图和侧投影图,见图2-49。

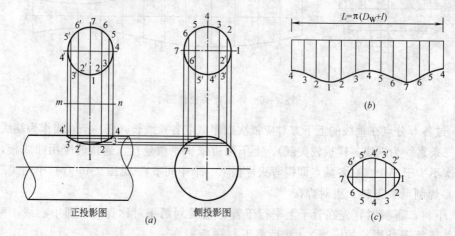

图2-49 异径正三通放样图

2) 分别在两投影图中支管的适当位置做支管圆,并分圆为12等分。过各等分点做支管轴线的平行线。

3) 在侧投影图中各平行线与主管圆弧相交得到1,2,……7共7个交点。过这些交点向左作主管轴线的平行线与正投影图中各对应平行线相交[如17线与17线相交得交点1,26线与26($2'6'$)线相交得交点2($2'$)……],依次平滑连接(连接时应用曲线板,且每连接一次不少于三个点)各点就得到两管相交的相贯线,图2-49(a)。

4) 在正投影图中支管适当位置做基准线mn垂直于支管轴线。

5) 做支管样板。将支管圆展开$L=\pi(D_W+l)$,并分L为12等分,过各等分点做垂线,将支管各素线长移至展开图中对应素线上截取,依次平滑连接各截取点即得支管样板,见图2-49(b)。

6) 做主管开洞样板。将侧投影图中主管圆弧$\overset{\frown}{17}$展开(从侧投影图中可见各段圆弧并不相等,只有对称圆弧互等,放样中应注意),过各分割点做垂线,这些垂线在正投影图中与主管平行,也就是与投影面平行,故其投影反映实长。从正投影图上将这些素线移至展开图中对应素线进行截取,依次平滑连接各截取点即为主管开洞样板,见图2-49(c)。

(2) 三通下料和组对焊接

1) 下料:样板制作好后,即可用主管开洞样板和支管样板分别在主管和支管上划线、切割。在主管上开孔时,可先在主管上划出十字中心线,使样板中心线与主管上所划中心线重合,然后按样板划线切割(为了提高三通强度,主管上开孔应按支管的内径划线切割。操作时也可直接用切割好的支管扣在主管上划出三通孔的线,再用此线向里减去管壁厚度,即为三通孔的切割线)。

2) 组对、焊接:三通在组对焊接前,应先在对接焊缝处开坡口,组对间隙为2~3mm,搭接焊缝应使管壁紧靠,组对间隙小于1.5mm。组对时,先在主管顶部与支管交点处定位点焊一处，用直角尺沿主管中心线方向校正支管的垂直度，调正后再定位点焊对称的一处，并校正支管在另一方向的垂直度（支管的垂直偏差不应大于其高度的1%，且不大于3mm）。符合要求后，定位点焊1~2处固定，待主、支管相对位置检查合格后再进行焊接，见图2-50。

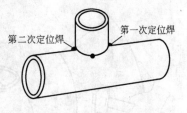

图2-50 三通的定位点焊

4.1.3 异径管的制作

异径管用于管道上改变管径，异径管有同心和偏心两种。异径管制作通常是用钢板下料后再冷加工或用钢管抽条焊制而成。

（1）同心异径管样板制作方法

1) 用钢板卷制异径管的样板的制作方法。作同心异径管的正投影图 $EFGH$，其中 $EF=D_W$（大头外径），$GH=d_W$（小头外径），高为 h，见图2-51。延长 EH、FG 相交于 O，以 O 为圆心，分别以 OG、OF 为半径做圆弧，在大圆弧上取 $\overset{\frown}{FI}=\pi(D_W-\delta)$，连接 OI，该射线与小圆弧相交于 K，则扇形 $FIKG$ 即为同心异径管的样板。也可通过计算求出圆心角 β，然后再以 OF 为半径画弧，求得扇形样板。

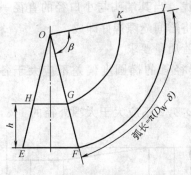

图2-51 同心异径管的放样图

2) 钢管抽条焊制异径管样板的制作方法。钢管抽条焊制异径管下料展开图，见图2-52，图中 A、B、L 的尺寸按下式确定：

$$A=\pi D_W/n \quad B=\pi d_W/n \quad C=A-B \quad L=3\sim 4(D_W-d_W)$$

式中　D_W——大头外径，mm；

　　　d_W——小头外径，mm；

　　　n——分瓣数，DN100mm 以内时，$n=4\sim 6$；DN100~DN400mm 时，$n=6\sim 8$。

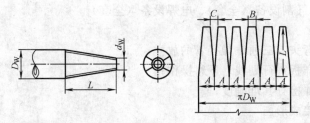

图2-52　钢管抽条焊制异径管下料展开图

（2）异径管下料、焊接

1) 钢板卷焊异径管的制作。先将异径管样板铺在钢板上划线、切割，并按规定开好坡口，清除接缝处的毛刺，再用滚板机或压力机卷圆，用1/4圆的弧形样板检查其内圆弧度是否正确，经修整达到要求后，进行定位点焊定形、焊接。

采用手工卷制异径管时，其操作方法为：先在下好料的钢板上分区域划线条，然后将钢板放在槽钢上按区域弯制向内敲打，槽钢的大小视异径管直径的大小而定。锤击力量要适中，并随时用1/4圆的弧形样板进行检查；如有扭曲错口时，可用工具顶拉，见图

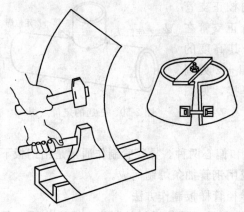

图 2-53 手工卷制作异径管

2)。

2) 钢管抽条焊制异径管的制作。先将制作好的样板围在管子外面，对齐找正，沿下料样板在管子上划出切割线，划线时应注意根据所采用的切割方法，留足割口宽度，然后进行切割，把多余的部分割去，并用焊矩或烘炉将留下部分的根部加热到 800～950℃，再用锤子轻轻敲打，边敲打边转动管子，使留下的各瓣逐渐向中间靠拢，当其端头与小口径的直径一致时，用电焊将瓣间缝隙焊好即成。

(3) 异径管质量要求

1) 焊接异径管的椭圆度偏差不应大于各端外径的 1%，且不大于 5mm。

2) 同心异径管两端中心线应重合，其偏心值 $(a_1-a_2)/2$ 不应大于大端外径的 1%，且不应大于 5mm，见图 2-54。

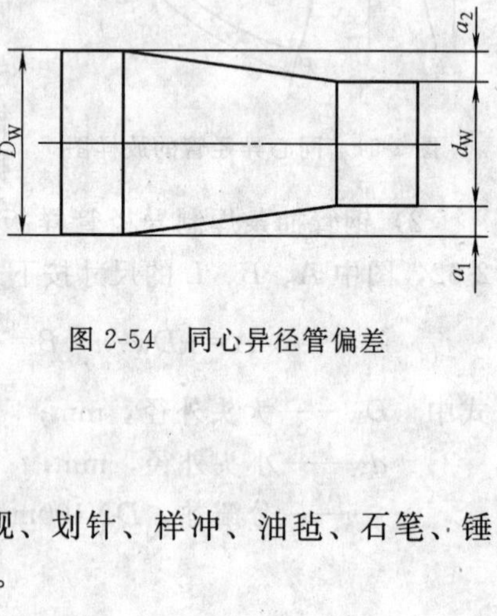

图 2-54 同心异径管偏差

4.2 训练课题及质量要求

通过焊制制作的训练，掌握焊制管件的放样方法和制作技能。

4.2.1 管件制作训练

(1) 材料

无缝钢管 φ159mm×6mm、螺旋卷焊管 φ426mm×8mm、钢板 δ=6mm。

(2) 设备、工具

钢卷尺 (2m)、钢直尺 (1m)、角尺、划规、长划规、划针、样冲、油毡、石笔、锤子、扁錾、手锯、气割设备 (全套)、电焊设备 (全套)。

(3) 训练步骤

1) 进行焊制弯头、三通、异径管的放样；

2) 利用管件样板进行划线、下料操作；

3) 组对操作并检查其准确度；

4) 将管件焊接成形。

4.2.2 质量要求

本训练课题的质量要求、评定项目和配分见表 2-10。

管件制作的质量要求及评分标准　　　　表 2-10

序号	质量要求及评定项目	配分	指导教师评定	评分
1	样板制作要准确	20		
2	焊制管件划线、下料操作规范、正确	10		
3	焊制管件组对操作规范、正确	20		
4	焊制管件焊接成型分别达到前述质量要求	20		
5	使用工具操作正确、规范	20		
6	安全文明生产	10		
总分	100　姓名	学号	教师签名：	成绩

4.2.3 质量分析

管件制作的质量分析见表 2-11。

管件制作的质量分析 表 2-11

质量问题	产 生 原 因
样板曲线不圆滑	1. 连接各素线未按每 3 点或 3 点以上划曲线 2. 每次起连点不相互吻合
焊制弯头角度不正确（勾头或敞头）	1. 样板制作错误 2. 组对时未检查角度或未将角度放大 1°～2°，或角度放大太多 3. 定位点焊太少或焊接顺序不正确，致使焊接变形大
焊缝不均匀	1. 对焊制弯头，背部、腹部坡口一致或背部坡口大，腹部坡口小 2. 对焊制三通，主管、支管的焊缝处坡口不一致
三通支管歪斜	1. 组对定位点焊时，未用直角尺校正垂直度 2. 定位点焊太少，点焊未点稳，焊接顺序不正确，致使焊接变形大

课题 5　管道的套螺纹

5.1　管道手工套螺纹的基本操作

在管道工程中，管道套螺纹又称为管道套丝。管子的螺纹连接（又称丝扣连接）是室内给水和煤气管道最常用、最基本的连接方法。螺纹连接是通过圆柱形内螺纹的标准管件、阀件与管端加工出来的圆锥形外螺纹的管道连接在一起的。要进行螺纹连接必然要对管子端头进行管螺纹加工。管道手工套螺纹的步骤和方法如下：

1）套螺纹前，首先选择与管径相对应的板牙，按顺序号将 4 个板牙依次装入铰杠板牙室（即板牙对号入座）。

2）将管子在压力钳上夹持牢固，使管子呈水平状态，管端伸出压力钳约 150～200mm。

3）将板牙松紧把手扳到底，根据管径，调整好铰杠的活动标盘和固定盘（一般 $DN25mm$ 以下的管子可两次套成，在对刻度时，第一次让活动标盘上的刻度比固定标刻上的刻度大 0.5mm，第二次让活动标盘上的刻度超过固定盘上的刻度约 0.3mm，套到一半时松一点板牙松紧把手，让两盘刻度正好对准；$DN32\sim DN50mm$ 的可三次套成，第一次让活动标盘刻度比固定盘刻度大 0.5～1mm，第二次让两盘刻度对准，套到一半时松一点板牙松紧把手，第三次先让活动标盘刻度超过固定盘刻度约 0.5mm，套到一半时松一点板牙松紧把手直至套完），并锁紧标盘固定把手。

4）将铰杠后卡爪滑动手柄松开，把铰杠套进管口，然后转动后卡爪滑动手柄，将铰杠固定在管子端头上。

5）操作时，首先站在管端的侧前方，面向压力钳，两腿一前一后叉开，一只手压住铰杠，另一只手

图 2-55　手工套管螺纹的操作

握住手柄，同时用力向前推进，按顺时针方向扳动铰杠，待铰杠在管口上套上扣后，再斜侧着身子站在压力钳旁边，扳动手柄，见图 2-55。

6) 开始套螺纹时，动作要慢、要稳、要协调，不可用力过猛，以免套出的螺纹与管子不同心而造成啃扣、偏扣。待套进两扣后，为了润滑和冷却板牙，要间断地向板牙切削部位滴入机油或润滑油。

7) 当螺纹套到接近规定的长度时（管子螺纹加工尺寸见表 2-12），一面扳动手柄，一面应缓慢地松开板牙松紧把手，且边松开边套制出 2～3 扣螺纹，以使螺纹末端套出锥度。

管子螺纹加工尺寸　　　　　　　　表 2-12

公称直径 DN		短螺纹		长螺纹		连接阀门的螺纹长度(mm)
(mm)	(in)	长度(mm)	螺纹数(扣)	长度(mm)	螺纹数(扣)	
15	1/2	14	8	50	28	12
20	3/4	16	9	55	30	13.5
25	1	18	8	60	26	15
32	1¼	20	9	65	28	17
40	1½	22	10	70	30	19
50	2	24	11	75	33	21
65	2½	27	12	85	37	23.5
80	3	30	13	100	44	26

8) 套完螺纹退出铰杠时，应先将板牙松紧把手松到底，直接退出，退出铰杠后随手提起铰杠，用手柄轻轻敲击在管子上，抖掉螺纹内的金属屑末。退出铰杠时，铰杠不得倒转，以免损伤板牙和螺纹或造成螺纹乱扣。

9) 螺纹套制好后，用管件试一下，以用手能将管件拧进 2～3 扣为宜。

5.2　管道机具套螺纹的基本操作

管道套螺纹机俗称套丝机，是一种能对 $DN40～DN200\mathrm{mm}$ 的管道进行切断、套螺纹及内口倒角的小型机具。使用套螺纹机套制管螺纹不仅可以减轻劳动强度，提高效率，而且可使管螺纹加工质量得到保证。适用于专业及大批量的管螺纹加工。

使用套螺纹机套管螺纹的操作步骤和方法如下：

1) 根据管子直径选择相应的板牙头和板牙，并按板牙上的序号，依次装入对应的板牙头。

2) 将支架拖板拉开，插入管子，旋动前后卡盘，将管子固定卡紧。

3) 若套螺纹的管子太长时，应用辅助支架做支撑，高度要调整适当。

4) 将板牙头及出油管放下，合上开关，调整喷油管，对准板牙喷油，移动进给手把，将板牙对准管口并稍加压力，板牙入扣后，可依靠自身的力量实现自动进给。

5) 注意管螺纹长度，当达到管螺纹要求的长度时，应及时扳动板牙上的手把，使板牙沿轴向退离加工完的螺纹面，关闭开关，再移动进给手把，拆下已套好螺纹的管子。

6) 套螺纹机使用完毕，应擦拭干净，尤其是粘附在各部件上的金属屑末，必须及时清除干净,并盖上滤网盖子,放下切割器和板牙头。

5.3 训练课题及质量要求

通过管道手工、机械套螺纹训练,掌握套制管螺纹的步骤、方法和操作技能。

5.3.1 管道套螺纹训练

(1) 材料

$DN15$、$DN25$、$DN40$、$DN65mm$ 的水煤气管,各种规格的任一种管件、阀件。

(2) 设备、工具

套螺纹机、铰杠、各种规格的板牙、板牙头、手锯、割管器、润滑油壶、润滑油或机油。

(3) 训练步骤

1) 选择板牙、上板牙。
2) 调整铰杠或套螺纹机。
3) 夹持固定管子。
4) 套管螺纹操作。
5) 观察管螺纹长度并退出铰杠或停机。
6) 手拧管件检查管螺纹。

5.3.2 质量要求

本训练课题的质量要求、评定项目和配分见表2-13。

管道套螺纹的质量要求及评分标准　　　表2-13

序号	质量要求及评定项目	配分	指导教师评定	评分
1	螺纹长度符合有关规定	10		
2	螺纹端正、不偏扣、不乱扣、光滑、无毛刺、不断丝	20		
3	螺纹断扣和缺扣的总长度不得超过螺纹全长的10%	15		
4	螺纹在纵方向上相邻扣不得有断缺处	10		
5	螺纹锥度要正确	15		
6	铰杠等工具操作姿势正确、机械操作正确	20		
7	安全文明生产	10		
总分 100	姓名	学号	教师签名:	成绩

5.3.3 质量分析

管道套螺纹的质量分析见表2-14。

管道套螺纹的质量分析　　　表2-14

质量问题	产生原因
管螺纹偏扣、乱扣	1. 板牙未对号入座 2. 铰杠起套时歪斜 3. 管螺纹套制结束后铰杠倒转
管螺纹断丝、缺扣	1. 套制时未向板牙切削部位加机油或润滑油 2. 套制过程中用力不均,突然间用力过猛 3. 板牙一次"吃"度太深
管螺纹无锥度	1. 违反操作规程,未分次套制管螺纹 2. 螺纹套到接近规定长度时,未使用板牙松紧把手
管螺纹过大或过小	违反操作规程未分次调整铰杠固定标盘和活动标盘的刻度

课题6 管道的连接

在管道安装工程中,管道连接的方法主要有螺纹连接、法兰连接、焊接连接、承插连接和粘接。

6.1 管道连接的基本操作

6.1.1 管道的螺纹连接

螺纹连接又称丝扣连接,即是将管子端部加工成圆锥形外螺纹与管件、阀件的圆柱形内螺纹拧紧连接的方法。螺纹连接适用于 $DN100mm$ 以内的管道连接,尤其是管径$\leqslant 50mm$ 的低压流体输送管道(水煤气管)。

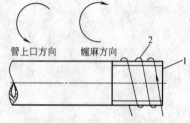

图 2-56 管螺纹缠麻方向示意图
1—管螺纹端 2—麻丝

螺纹连接的操作步骤、方法及注意事项如下:

(1)管道套好丝后,先清理管螺纹内的金属屑末,再用锯条将螺纹刮毛,使管件与阀件在旋转时,麻丝不会跟着转。

(2)在管螺纹四周涂上铅油(即厚白漆),用少量的麻丝从管端螺纹第二扣起,沿顺时针方向缠紧至螺纹的终点,见图 2-56。

(3)用手将管件或阀件等拧上 2~3 扣螺纹。

(4)用手拧不动时,用合适的管钳钳住管件或阀件旋紧,使管端的螺纹外露 1~2 扣。操作时,一般用左手扶稳活动钳口的头部,不使钳口打滑和歪倒,右手握住钳柄,见图 2-57。用力要均匀,转动要缓慢,只准进不准退(不允许因拧过头而用倒拧的方法进行找正),看好方向一次拧到位。

(5)清理连接处外露的铅油和麻丝。

操作中,使用管钳应与管螺纹相匹配,见表 2-15。绝对不允许把管子等套在管钳手柄上加大力臂,以免把钳颈拉断或使钳颚及梯形齿损坏;操作中,以防钳头歪倒,使管子与手柄脱落而砸伤操作者手脚。上阀门时管钳子一定要钳住拧入端的六方体上,上好阀门后还需接管时,先用管钳夹住已拧紧的阀门的一端,始终保持阀门位置不变,再用另一把管钳慢慢拧紧所需拧紧的管段,见图 2-58。安装活接头时是有方向性的,应使介质方向从公口流向母口,否则密封不好,见图 2-59。

图 2-57 用管钳作管子螺纹连接

管钳和链钳的规格与适用范围 表 2-15

管钳		链钳	
规格(mm)	适用范围(mm)	规格(mm)	适用范围(mm)
300	$DN15\sim DN20$	900	$DN80\sim DN125$
350	$DN20\sim DN25$	1000	$DN80\sim DN150$
450	$DN25\sim DN50$	1200	$DN80\sim DN200$
600	$DN50\sim DN80$		
900	$DN80\sim DN100$		

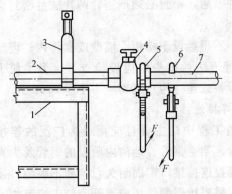
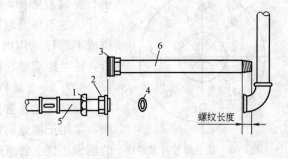

图 2-58 阀门后丝接管段的操作　　　　　图 2-59 活接头的安装
1—管子台虎钳操作台；2、7—管子；3—管子台虎钳；　　1—活接螺母；2—公口；3—母口；
4—丝接阀门；5、6—管钳　　　　　　　　　　4—垫圈；5、6—短管

6.1.2 管道的法兰连接

法兰连接主要用于带法兰的阀件和需要经常拆卸、检修的管路上。

法兰连接的操作步骤如下：

(1) 检查法兰密封面及密封垫片，不得有影响密封性能的划痕、裂纹、砂眼、斑点、毛刺等缺陷；检查管口的平直度。

(2) 组对法兰。在平焊法兰与管子焊接时，管口应插入法兰内距密封面的距离为 1.5 倍管壁厚度，法兰内外均必须焊接。

(3) 施焊前，用法兰靠尺或 90°角尺检查管子和法兰端面的垂直偏差度 a，检查方法见图 2-60。当 $DN \leqslant 300mm$ 时，$a \leqslant 1mm$；当 $DN > 300mm$ 时，$a \leqslant 2mm$。垂直度符合规定后施焊。

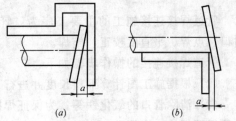

图 2-60 法兰垂直度的检查
(a) 用法兰靠尺检查垂直度；
(b) 用 90°角尺检查垂直度

(4) 法兰与管子焊接后，进行组装。组装时两片法兰连接应与管道同心，螺栓孔应跨中安装，中心偏差一般不超过孔径的 5%，并保证螺栓能自由穿入。穿螺栓时，应使用同一规格的螺栓先预穿几只，如四孔法兰预穿三只，八孔法兰预穿五只。连接法兰的螺栓方向应一致，在连接阀体时螺母应在阀体一侧。不得用强紧螺栓的方法消除法兰的歪斜。

(5) 法兰密封面之间的垫片应根据设计要求选用（常用的有普通胶板、耐热胶皮、橡胶石棉板、金属垫片等）。将制备好的垫料和大小（垫片的内径应等于法兰内径，垫片的外径不应妨碍螺栓穿过法兰的螺栓孔）合适的密封垫片插入两法兰之间，再穿好余下螺栓，把垫片调正后，即可用扳手紧固。

(6) 紧固螺栓。方法是：拧紧法兰螺栓的螺帽时，应使用合适的扳手，分 2～3 次进行，不得一次拧紧，应对称、均匀、逐次地进行，见图 2-61。在拧螺栓的螺母时，若螺栓转动，需用一把扳手固定螺栓，再拧紧螺母。对于大口径法兰应两人在对称位置上同时操作，并用与螺母同规格的扳手将螺母拧紧。

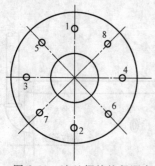

图 2-61 法兰螺栓拧紧顺序

法兰螺栓全部拧紧后,密封必须严密,两片法兰密封面的平行度偏差见表 2-16。

法兰不得埋地,不得敷设于楼板、墙壁或套管内;埋地管道或不通行地沟内管道法兰接头处应设检查井;为了便于装拆,法兰距墙壁、设备或建(构)筑物应不小于 200mm。

6.1.3 管道的焊接连接

焊接连接是管道工程中最主要且应用最为广泛的连接方法,常用于埋地钢管、架空钢管、地沟内敷设的钢管及大直径的钢管连接。管道焊接连接接口牢固耐久,紧密不渗漏,接头强度和严密性高,不需要接头配件,成本低,施工速度快,使用后不需经常管理,但拆卸困难,镀锌钢管不允许焊接。

法兰密封面平行度允许偏差值(mm) 表 2-16

图 示	公称直径	允许偏差值($a-b$)	
		$PN<1.6MPa$	$PN=1.6\sim4.0MPa$
a(最大间隙) b(最小间隙)	$DN\leqslant100$	0.20	0.10
	$DN>100$	0.30	0.15

管道焊接连接施工的主要工序为:管子切割、管口处理(清除氧化铁、铲坡口等)、对口、点焊、平直度校正、施焊。

管道焊接连接的操作步骤如下:

(1) 根据施工图计算下料长度并进行下料切割。

(2) 清除管口的氧化铁等;为保证焊接质量,当管壁 $\delta\leqslant3mm$ 时,不需要开坡口,但必须保证焊透;当管壁 $\delta>3mm$ 时,应进行开坡口,见图 2-62。低压管道可用割炬坡口;中压以上管道,及含易燃、易爆介质和渗透性强的介质管道的坡口,应用角向磨光机打磨出金属光泽,或用坡口机开坡口。

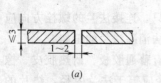

图 2-62 管子焊接坡口及对口形式
(a) Ⅰ形坡口　(b) V形坡口

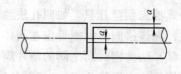

图 2-63 管道组对错口偏差

(3) 管道组对(即对口)。管道对口时,对口间隙为 1~2mm,管壁越厚,间隙偏上限,见图 2-63。管道对口时两管端应尽量对平,其允许错口量见表 2-17。直线管段间的组对,应保证管道中心线在一条直线上,其偏差可用 400mm 钢直尺检查,其允许偏差 a 值为 1mm/m,但全长允许偏差不得超过 10mm,见图 2-64。对于纵向直缝钢管和螺旋卷

焊接管道错口允许值 (mm) 表 2-17

管壁厚度	2.5	3.0	3.5	4.0	5.0	6.0	7.0	8.5	10
最大允许偏差	0.25	0.30	0.35	0.40	0.50	0.60	0.70	0.80	0.90

焊管对口时,管道本体焊缝要相互错开 100mm 以上。对于不同管壁的管道组对时,内壁错边量不得超过表 2-18 的规定或外壁错边量不得大于 3mm,组对时两管道的坡口形式及对口要求见图 2-65。

图 2-64 管道组对直线度偏差

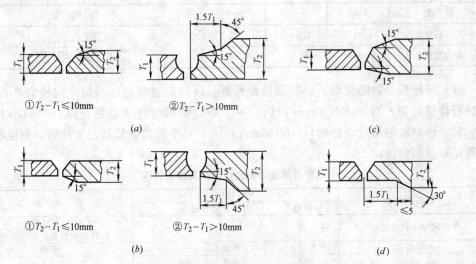

图 2-65 管道不同壁厚组对的坡口形式及对口
(a) 内壁尺寸不相等;(b) 内壁尺寸不相等;(c) 内外壁尺寸均不相等;(d) 内壁尺寸不相等的削薄
注:用于管件且受条件限制时,图 (a) ①、(b) ①和 (c) 中的 15°角可改为 30°角

管道组对内壁错边量 表 2-18

管道材质		内壁错边量
钢		不宜超过壁厚的 10%,且 ≤2m
铝及铝合金	壁厚≤5mm	≤0.5mm
	壁厚>5mm	不宜超过壁厚的 10%,且 ≤2mm
铜及铜合金、钛		不宜超过壁厚的 10%,且 ≤1mm

(4) 管口点焊。管道对口时多转动几次管子,先点焊一处,检查错口及平直度符合规定后,再点焊第二处,使错口量减少,间隙均匀。每处管口一般应对称、均匀点焊 4 处,便于施焊,使焊缝成型后符合规定。

(5) 再一次校正平直度。

(6) 对管道进行焊接。

(7) 焊缝质量检查。管道焊接完毕后,应进行焊缝质量检查。电焊和气焊的焊缝都应有加强高度和宽度,见表 2-19 和表 2-20。焊缝成型后表面应平整,高度和宽度应均匀一致,无明显的外观缺陷(焊缝形状不好、咬边、焊瘤、弧坑、裂纹等)。对于焊缝的内部缺陷(未焊透、夹渣、气孔等),可采用 X 光射线、γ 射线或超声波探伤检查。

电焊焊缝加强高度和宽度（mm） 表 2-19

厚　度		2～3	4～6	7～10	焊　缝　形　式
无坡口	加强高度 h	1～1.5	1.5～2	—	
	焊缝宽度 b	5～6	7～9	—	
有坡口	加强高度 h	—	1.5～2	2	
	焊缝宽度 b	盖过坡口角边约 2			

氧-乙炔焰焊缝加强高度和宽度（mm） 表 2-20

厚　度	1～2	3～4	5～6	焊　缝　形　式
加强高度 h	1～1.5	1.5～2	2～2.5	
焊缝宽度 b	4～6	8～10	10～14	

（8）焊缝质量缺陷处理。焊缝质量经检查，缺陷超过规定标准时，应按表 2-21 的规定进行修整处理。对于 $DN50mm$ 以内，每个焊口缺陷超过 3 处的，$DN50～DN150mm$ 时，每个焊口缺陷超过 5 处的，$DN150mm$ 以上，每个焊口缺陷超过 8 处的，则应将焊缝全部铲掉重新焊接。

管道焊缝缺陷允许程度及修整方法 表 2-21

缺陷种类	允许程度		修整方法
	Ⅰ级焊缝	Ⅱ级焊缝	
焊缝尺寸不符合规定	不允许	不允许	加强高度、宽度不足应补焊
			加强高度过高过宽应作修整
焊瘤	不允许	严重的不允许	铲除
咬肉（咬边）	不允许	深度≤0.5mm	清理后补焊
	不允许	焊缝两侧累计总长度≤25mm	
焊缝热影响区表面有裂纹	不允许	不允许	磨掉焊口重新焊接
焊缝表面弧坑、夹渣或气孔	不允许	不允许	铲除缺陷后补焊

为确保螺纹（丝扣）连接、法兰连接、焊接连接的接口在管道工程运行时的稳定，以下规定尤显重要：

（1）丝扣连接的管件、焊接连接的焊缝都必须距支、吊架边缘不小于 50mm。

（2）法兰连接的法兰不得埋地。埋地管道或不通行地沟内的法兰接头处应设置检查井。法兰应距支、吊架或建筑物 200mm 以上，以便拆卸。

（3）丝扣管件、焊接接口焊缝均不得置于墙及地板内，穿墙或楼板需加套管保护。

（4）管道的对口焊缝处及管道的弯曲部位均不得焊接支管。煨制弯管的弯曲部位不得有焊缝，接口焊缝距起弯点应不小于一个管径，且不小于 100mm。

（5）直线管段两条焊缝距离应不小于管径，且不小于 200mm。

（6）焊接管道分支管时，应加工成马鞍形与主管连接，对口间隙≤2mm。

（7）不同管径的管道焊接（对接），若两管径相差不超过小管径的 15% 时，可将大管径端部直径缩小（摔管）与小管对口焊接。若管径相差超过 15%，则应将大管端部抽条加工成锥形，或用钢板特制异径管与小管对口焊接。

6.1.4 管道的承插连接

在管道工程，对于铸铁管、混凝土管等通常采用承插接口连接。承插连接是承插管一端为承口，另一端为插口，将管子（管件）的插口插入管子（管件）的承口内且灌注填料的连接方法。

承插连接的施工工序为：清理管口、打麻或打胶圈、打填料、养护。

清理管口：首先对管子、管件进行质量检查，并清除承口内壁、插口外壁的铁锈、黏砂、泥土、沥青等。要除去该处的沥青或油漆可用氧-乙炔火焰或喷灯烘烤，再用钢丝刷和破布擦抹干净。

打麻或打胶圈：承插管连接的承插间隙内，底层均要打入麻辫或胶圈。将干燥及无污染的麻丝拧成直径相当于承插间隙的 1.5 倍，用捻錾将麻辫分 2～4 圈从承口间隙两侧自下而上紧密打入，不许打断，每圈长度比管周长长 100～150mm，以保持各圈均匀搭接，也可用长段的麻辫逐次绕圈打入。当管径≥300mm，用胶圈代替麻辫。操作时先将橡胶圈套在管子插口上，连同胶圈将管子插入承口，然后用捻錾均匀地将胶圈打至插口小台。

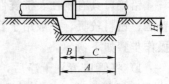

图 2-66　打口操作坑

承插管道采用埋地敷设时，对于石棉水泥接口、青铅接口的每个接口处应按表 2-22 和图 2-66 挖打口操作坑，膨胀水泥接口可将 C 减少一半。

打口操作坑尺寸　　　　　表 2-22

管径(mm)	A	B	C	H
	(m)			
75～150	0.800	0.200	0.600	0.250
200～250	0.800	0.200	0.600	0.300
300～350	1.050	0.250	0.800	0.300

承插连接填料的操作如下所述。

(1) 石棉水泥接口操作

石棉水泥填料接口可耐水压 1.2MPa，其操作步骤如下。

1) 石棉水泥填料配制及方法：用 32.5 号以上硅酸盐水泥和四级石棉绒加水拌和，重量比为石棉绒：水泥＝3：7。先将石棉绒、水泥干拌和均匀后再加水拌和，加水量为石棉水泥总重的 10%～12%，拌和后其外观类似干粉状，用手抓一把，握紧再摊开，成团不松散即可。

2) 接口操作：将已拌和好的石棉水泥用灰錾（捻口錾）向承插间隙填塞，当填至间隙深度的一半时，用灰錾配用手锤打紧，至少两遍。打紧后填塞石棉水泥再敲打结实，直至填满敲实为止。当石棉水泥凹入承口 1～2mm，深浅一致，经敲打不再凹入为合格。一般一个口要分层填塞敲打 2～4 次，且每次至少敲打两遍，这主要是取决于管径的大小和操作技术水平。

3) 养护：接口操作完毕，用湿泥涂抹在接口处，当湿泥干了应浇水，保持湿润 3 天，也可用草绳缠绕浇水养护。冬天要做好保暖防冻工作，防止冰冻而影响质量。遇有侵蚀性地下水时，接口处应涂沫沥青防腐层，养护 24h 后方准进行试压。

(2) 膨胀水泥接口操作

膨胀水泥接口可耐工作压力 1.6MPa，其操作步骤如下。

1) 膨胀水泥接口填料的配制：用 42.5 号以上硅酸盐水泥加熟石膏和二氯化钙（$CaCl_2$）溶液。其配合比为：以水泥质量为准，熟石膏等于水泥量的 10%，二氯化钙等于水泥量的 5%（严格按比例，现场用秤称量）。

2) 先将二氯化钙溶于水中，石膏粉和水泥干拌和均匀，再加上二氯化钙溶液，迅速调成干浆糊状，在2min之内填塞入承插间隙（因拌和后在2min将完成85%的膨胀量），用手指抹平、抹光即可。硬化后表面呈青花色为佳。

3) 养护：接口完成后，须保持接口绝对不移动，不受任何振动；接口处用黄泥抹上并保持接口湿润，白天每2~3h浇水一次，晚上可不浇水；保持湿润3d。有强烈阳光时，接口处应用草绳缠绕。冬天可用覆土方法防冻。

(3) 铅接口操作

铅接口具有刚性、抗震性和弹性，不需养护，可立即投入使用，且接口严密，但接口费工、铅料较贵。一般用于管道穿越公路、铁路、过河和易受振动地段或管道抢修处。其操作步骤如下：

1) 将管口清剔干净后，将接口处进行消毒（管内介质为水时用漂白粉溶液消毒），油麻等用蒸汽消毒，并干燥。根据管径大小进行熔铅，将铅熔化至铅溶液表面呈紫红色，约320℃。灌铅用的工具应与熔铅同时预热，以免使用时不影响铅液温度及粘附铅液。

2) 在承插间隙内先填塞麻辫（若用橡胶圈时，应在填入橡胶圈后，再加塞一麻辫，以免熔铅烧损橡胶圈），然后用卡箍将承口边缘处（开口向上）卡紧，卡箍内壁斜面与管壁接缝部分用稀黄泥抹好、堵严，再用黄泥将卡子口（即灌铅口）围好。

3) 将熔铅从灌铅口缓慢（管径大的可稍快，避免中途凝固）、连续地一次灌满。

4) 铅凝固后取下卡箍趁热用灰錾及手锤由下向上敲打，打坚实均匀，表面平滑且凹入承口2~3mm；最后打掉多余碎铅、找平，铅口外涂沥青防腐漆一层。

熔铅时严禁有水滴入，以免爆炸伤人；灌铅时，可向接口灌入少量机油，防止放炮现象；铅接口不得在雨雪天作业；操作人员应戴手套和防护眼镜。

(4) 水泥砂浆接口操作

水泥砂浆接口用于钢筋混凝土承插管，其操作步骤如下：

1) 在钢筋混凝土承插管的承插间隙内打麻辫。

2) 用32.5号硅酸盐水泥和细砂（必须要干净）拌制水泥砂浆，其配合比为水泥：细砂=1:2（体积比）。将水泥砂浆填入已打好麻辫的承插间隙内，填满后捣实并在接口外侧抹成45°锥面。

3) 养护：接口处抹好的砂浆带用湿草袋盖好，经24h后再用湿土将砂浆带盖严养护。

前述打麻辫、打石棉水泥、打铅时，手锤要稳、准、狠，眼睛应直视捻口錾与填料接触的錾尖。

6.1.5 管道的粘接连接

粘接连接主要用于PVC、UPVC管道。其操作为：先用砂纸将管端外表面和管件内表面打毛，用抹布将管端和管件内表面擦拭干净，再用小刷子在管端和管件内表面粘接处均匀地涂上粘胶，然后将管子插入管件内，5min后成型，24h后方可使用。

对于铝塑复合管主要连接方式有：卡环螺母锁紧式连接、挤压式连接（专用工具）、卡套式连接和卡箍式连接。

对于PPR管、PE管则采用热熔焊连接，即用电阻加热元件加热管子和管件进行的连接。

6.2 训练课题和质量要求

通过管道连接训练,掌握各种管道连接方法的步骤和操作技能。

6.2.1 管道连接训练

(1) 材料

镀锌钢管 DN20mm 及各种管件、DN50mm 的焊管、法兰、铸铁管及管件、钢筋混凝土管、PVC 和 UPVC 管及管件,铝塑复合管及管件,PPR、PE 管及管件;油麻、铅油、石棉橡胶板、32.5 号水泥、42.5 号水泥、石棉绒、$CaCl_2$、黄泥、细砂、胶粘剂、机油。

(2) 设备及工具

焊接设备(全套)、铰杠(套)、管子台虎钳及钳台、管钳、割管器、法兰靠尺、90°角尺、扳手、钢直尺(1m)、锤子、扁錾、捻口錾、PPR 及 PE 管专用工具。

(3) 训练步骤

根据管道连接方式分别按前述进行。

6.2.2 质量要求

本训练课题的质量要求、评定项目和配分见表 2-23。

管道连接的质量要求和评分标准　　　　　表 2-23

序号	质量要求及评定项目	配分	指导教师评定	评分
1	管道连接步骤方法要正确	15		
2	管道连接不平度<5mm	15		
3	管道连接平行度<3/1000	20		
4	管道连接垂直度<±2°	10		
5	设备、工具使用要正确	10		
6	技能操作正确规范	20		
7	安全文明生产	10		
总分	100　姓名	学号	教师签名:	成绩

6.2.3 质量分析

管道连接的质量分析见表 2-24。

管道连接的质量分析　　　　　表 2-24

质量问题	产生原因
管件、阀件破裂,管材表面有齿痕	1. 操作中管钳施力过大 2. 管钳与管螺纹不相匹配,使用大管钳上小管径管件阀件
法兰密封面与管子中心线不垂直	1. 使用法兰靠尺或 90°角尺不正确 2. 定位点焊太少而施焊
管道中心线不重合、管道不水平	1. 组对时发生错口 2. 定位点焊太少而施焊 3. 接口前未调整好管子直线度

课题 7 管道的弯制

管道走向的改变可以采用标准件弯头或弯制管道。弯制管道具有对介质阻力小、耐压高、美观等特点。弯制管道的弯曲半径、角度可根据需要任意调整。按弯制方法可分为冷弯和热弯。

7.1 管道冷弯的基本操作

冷弯是在常温下对金属管或复合管进行弯制，不需要加热设备便能操作。冷弯有手动和机械两种。

7.1.1 手动弯管器弯制管道的操作

手动弯管器分为携带式和固定式两种，用以弯制 $DN \leqslant 25mm$ 的管子。

（1）携带式手动弯管器弯管的操作

1）根据管道转弯的角度和弯曲半径计算弯头弧长。

2）根据弯头弧长及弯曲角度在弯管器胎轮上划出所弯制弯管的终弯点。终弯点应比所需弯曲角度大 3°~5°。

3）将被弯制的管子放到弯管胎槽内（特别注意：水煤气管道及直缝焊管应使焊缝位于距中心轴线 45°的区域内），管子一端固定在活动挡板上。

4）慢慢扳动手柄，将管子弯曲到所要求的角度，然后松开手柄，取出弯管。

5）检查管道弯曲角度。

携带式手动弯管器弯管的操作见图 2-67。

（2）固定式手动弯管器弯管的操作

1）根据管道转弯的角度和弯曲半径计算弯头弧长。

2）根据管径大小和弯头弧长对管子进行划线，弯管起弯点前端应留出足够长的直管段。

3）根据所弯制管道的外径和弯曲半径，选取合适的定胎轮和动胎轮；把定胎轮用螺栓或销子固定在操作平台上，把动胎轮用固定销钉安装在推架上。

4）把要待弯制的管子放在定胎轮和动胎轮之间的凹槽内，弯起点前端固定在管子夹持器内，并使被弯制管道的起弯点对准定胎轮上的 0°点。

5）推动推架，绕定胎轮旋转，直到弯成所需要的角度，取出弯管。

6）检查管道的弯曲角度。

固定式手动弯管器弯管，操作见图 2-68。

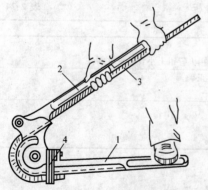

图 2-67 携带式手动弯管器弯管的操作
1—固定把；2—活动把；3—被弯管子；
4—活动挡板

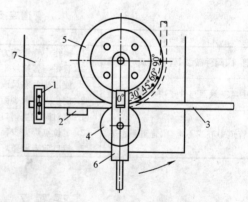

图 2-68 固定式手动弯管器弯管的操作
1—活动管卡；2—挡板；3—被弯管子；
4—动胎轮；5—定胎轮；6—推架；7—工作台

7.1.2 机械弯制管道的操作

(1) 液压弯管机弯制管道的操作

液压弯管机一般用于弯曲 $DN \leqslant 50mm$ 的管道,其操作步骤如下:

1) 计算弯头弧长。

2) 对管子进行划线,并确定其弯头弯曲的中心点。

3) 将管托转到与所弯管径相应的位置,两管托间距调到刚好让顶胎通过。选取合适的顶胎安装好并将其退到管托后面。

4) 将待弯曲管子放到顶胎与管托的弧形槽内,并使管子弯曲中心点与顶胎的中点(即顶点)对齐。

5) 关闭油门,扳动加压把手,顶胎自动前进顶压管子,将管子顶压至所需要的角度(随时用量角器检查弯曲角度,确保质量)。

6) 打开油门,顶胎自动退回原位,取出弯管。

7) 检查管道弯曲的角度。

(2) 电动弯管机弯制管道的操作

电动弯管机规格较多,弯制管道时应根据管径选择相应的电动弯管机,其操作步骤如下:

1) 计算弯头弧长。

2) 在管子上划出起弯点和终弯点。

3) 根据弯制管子的弯曲半径和管子外径选择合适的弯管模、导向模和压紧模,并安装在弯管机操作平台上。

4) 将待弯曲管子沿导向模放在弯管模和压紧模之间,调整导向模,使管子起弯点处于弯曲模和导向模的公切线切点位置,再用 U 形管卡将管端卡在弯管模上(图 2-69 中虚线所示),同时应根据弯曲角度和起弯点位置,在弯管模上定出终弯点位置。

5) 启动电动机,使弯管模和压紧模带着管子一起绕弯管模旋转,当终弯点接近弯管模和导向模的公切点位置时,立即停车。

6) 松开压紧模,拆除 U 形管卡,取出弯管。

7) 检查管道弯曲的角度。

电动弯管机弯制管道的操作见图 2-69。

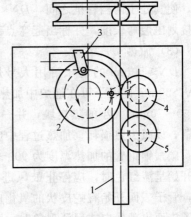

图 2-69 电动弯管机弯管的操作
1—被弯管子;2—弯管模;3—U 形管卡;
4—导向模 5—压紧模

为了避免弯曲部分弯扁或弯瘪,对于弯制 $DN >22mm$ 铜管时,应在管内穿入相应的弹簧或填充熔化的松香;对于冷弯复合管时,应穿入相应的弹簧。

7.2 管道热弯的基本操作

管道热弯又称管道热煨。对于弯制 $DN \geqslant 32mm$ 的钢管、PE 管、PP 管和 PB 管时应进行加热煨弯。

钢管热煨的操作步骤如下所述。

(1) 充砂

充砂是防止管子在煨弯过程中煨扁或起皱,并能储存热量,延长管子冷却时间,以便于操作。充砂前,应选用较纯净的河砂或海砂,砂子颗粒应根据煨弯管径大小按表2-25确定,过筛并烘干(因加热后砂子中水分蒸发使管内压力增高,管堵冲出伤人,且水蒸气逸出后,砂子就不密实了,不能保证煨弯质量)。将管子一端堵好($DN<100mm$时,可用木塞,木塞长度为$1.5DN\sim2DN$,锥度为$1:25$;$DN\geqslant100mm$时用钢制活动堵板,堵板直径比管内径小2~3mm,见图2-70)后竖放于充砂平台内(充砂平台常用脚手架管搭成,其高度应低于煨制最长管子的长度1m左右),自上而下装砂,边装边用手锤轻轻敲打管壁,直到装实(敲打管壁声音实而沉)、装满,将管道另一端用木塞或钢堵板堵上。

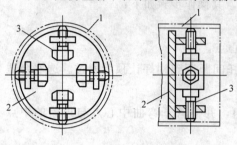

图2-70 钢制活动堵板
1—管子;2—活动堵板;3—板上螺栓

碳素钢管充砂颗粒度 表2-25

公称直径(mm)	<80	80~150	>150
砂子颗粒度(mm)	1~2	3~4	5~6

(2) 划线

将管子放倒并用白铅油在管子上划线,先从管端划一直管段(以便煨管时用来固定管子,使其处于两档管桩之间,$DN<150mm$时为400mm,$DN\geqslant150mm$时为600mm),再紧接划出煨弯长度,并标出起弯点和弯管中心线。

(3) 加热

$DN\leqslant50mm$的管子可用大号焊(割)炬均匀加热,加热长度为1.1倍煨弯弧长;$DN>50mm$的管子可在地炉中加热,加热长度为1.2倍煨弯弧长。用地炉加热时,燃料为50~70mm大小的焦炭块,并一次性加足;地炉加热时,在加热管上加盖薄钢板或保护罩,以减少热损耗;加热过程中应使加热长度范围内火力均匀,要经常转动管子。

碳素钢钢管的加热温度为900~1000℃,即加热到橘红色或橙黄色,见表2-26;当管子开始呈淡红色时,应停止鼓风进行焖火,使砂子也被加热,当砂子被加热到要求温度时,管子表面开始有蛇皮状的氧化皮脱落,此时应马上取出管子运至平台上进行煨弯;若管子表面出现发白或冒汗现象时,则说明管壁已开始熔化。

碳素钢钢管加热过程中的发光颜色 表2-26

温度(℃)	550	650	700	800	900	1000	1100	1200
发光颜色	微红	深红	樱红	淡红	橘红	橙黄	浅黄	发白

对于不锈钢管的加热温度为1100~1200℃;铜管为400~500℃;铝管为300~400℃。

(4) 煨管

用焊(割)炬加热好的管子,将管子夹在紧固装置上进行煨管。在地炉中加热好的管子,用抬管火钳人工抬运或用起重运输设备搬运到煨管平台上。在运管过程中,应防止管子产生变形，若产生弯曲，应调直后再进行煨制。管子运到平台上后，一端放在煨管平台两根挡管桩之间（起弯点应正好在弯管里侧的挡管桩处），管桩与管子接触处用垫木隔离，并在管子下垫扁钢，使管子外壁与平台之间保持一定距离，然后用绳索系住另一端，开始煨弯（煨弯过程中管子的所有支撑点及牵引管子的绳索应在同一平面上），当一段管已煨弯到所要求的弯曲角度时，随即用水浇凉该部分，继续煨弯其余部分，待煨管达到接近所需角度时，应用事先制好的弯管样板检测，当煨管角度比样板大3~5°时，即停止煨管，将煨好的弯管取出，放在空气中自然冷却。防止煨管冷却时再次氧化，应趁热在弯曲部分涂上一层机油。在煨管过程中，若还未达到需要角度就已冷却降温（700℃，管表面呈樱红色），则需要重新加热再进行煨管，但加热次数一般不应超过两次。

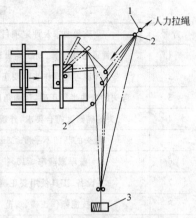

图2-71 煨管卷扬机施力图
1—地桩；2—滑轮；3—卷扬机

在煨管过程中，用卷扬机牵引时，将滑轮用一根长绳顺地桩绕三圈以上，用人工拉紧绳的末端，应随时放松绳子，调整滑轮的位置，保持拉力与管子轴线垂直，见图2-71。

(5) 清砂

弯管冷却后，去掉管端管堵，吊于充砂台下部，将管内砂子倒完，用钢丝刷拉刷清除粘附在管子内壁上的砂粒，并用压缩空气将管内吹扫一遍。

对工作压力较高的煨弯，为消除煨管时形成的压力及降低因浇水冷却而产生的硬度，应进行退火处理，即把煨管再加热到600℃后在空气中自然冷却。

对于塑料管煨弯一般用热空气或热油加热，加热温度约为100~180℃。为防止管子煨瘪，管内应填充弹簧或细砂。

7.3 训练课题及质量要求

通过管道弯制训练，掌握管道冷弯和热弯的方法、步骤及操作技能。

7.3.1 管道弯制训练

(1) 材料

DN15、DN20、DN40、DN50、DN100、DN150mm的水煤气管；纯净河砂、硬木材、木板、垫木、扁钢（100mm×100mm×10mm）、焦炭（50~70mm）、钢堵板、白铅油、机油。

(2) 设备及工具

手动弯管器、液压弯管机、电动弯管机、充砂平台、煨管平台（含卷扬机、滑轮等）、地炉（含鼓风机等）、锤子、抬管夹钳。

(3) 步骤

根据冷弯和热煨分别按前述操作步骤进行。

7.3.2 质量要求

本训练课题的质量要求、评定项目和配分见表2-27。

管道弯制的质量要求和评分标准 表 2-27

序号	质量要求及评定项目	配分	指导教师评定	评分
1	管道弯制计算、划线≤±3mm	15		
2	管道弯制操作步骤要正确	15		
3	弯头的弯曲半径正确、弯曲角度<±2°	10		
4	弯头的椭圆度符合要求,外观不明显	10		
5	弯头的凸凹不平度<3mm	10		
6	壁厚减薄率≤15%	10		
7	设备、工具使用要正确	10		
8	技能操作正确、规范	10		
9	安全文明生产	10		
总分	100　姓名　　　　　学号　　　　　教师签名：			成绩

7.3.3 质量分析

管道弯制的质量分析见表 2-28。

管道弯制的质量分析 表 2-28

质量问题	产　生　原　因
弯曲半径不准确	1. 定胎轮和动胎轮选择不合适 2. 顶胎和管托选择不合适
弯曲角度偏大或偏小	操作不熟练,未随时测量角度
壁厚减薄率、椭圆率超大	1. 煨管速度过快,操作不熟练 2. 违反操作规程
管材纵向焊缝位置偏离	煨管时管材焊缝中心线偏离 45°区域内

思 考 题

1. 管工常用的设备有哪些?分别有什么作用?
2. 管工常用的工具有哪些?分别有什么作用?
3. 管材的调直方法有哪些?
4. 管材的下料计算应如何进行?下料方法有哪些?
5. 焊制弯头、三通的制作应如何进行?质量要求是什么?
6. 管道手工套螺纹、机械套螺纹的步骤和方法是什么?质量要求是什么?
7. 管道连接方法中的具体操作步骤是什么?
8. 管道焊接连接、承插连接的施工工序分别是什么?
9. 管道冷弯的操作方法有哪几种?
10. 管道热弯在充砂前应做哪些准备工作?热弯的操作步骤有哪些?

单元3　焊工的基本操作技能

知识点：
1. 常用电气焊设备和工具的种类及使用要求。
2. 常用焊接材料。
3. 气割的基本操作。
4. 气焊的基本操作。
5. 焊条电弧焊的基本操作。
6. 气体保护焊的基本操作。
7. 其他焊接方法。
8. 焊接操作中对焊接质量的一般要求。
9. 焊接操作中常见缺陷的质量分析。
10. 焊接中的安全知识。

教学目标：
1. 通过本课程的学习能基本掌握电气焊设备及工具的使用方法。
2. 能基本掌握电气焊的各种操作技能。
3. 对电气焊设备能进行简单的维护和保养。
4. 根据图纸和技术要求能进行简单的焊接加工，具有一定的实际操作能力。

课题1　焊接的基本知识

1.1　焊接的概念及种类

焊接就是通过加热或加压（或两者并用），并且用（或不用）填充材料，使焊件达到原子结合的一种加工方法。

焊接方法按其焊接特点，可分为熔焊、压焊、钎焊三大类。熔焊是将焊接部位的金属加热至熔化状态，但不加压力完成焊接的方法。焊条电弧焊、埋弧自动焊、气焊、二氧化碳气体保护焊、氩弧焊等都属于熔焊。压焊是在焊接时对焊件施加一定的压力，以促进接触处的金属相结合的方法。点焊、缝焊、电阻对焊、锻焊、摩擦焊、冷压焊等属于压焊。钎焊是在被焊金属不熔化的状态下，将熔点较低的钎料金属加热到熔化状态，使之填充到焊件的间隙中并与被焊金属相互扩散，以达到互相结合的焊接方法。烙铁钎焊、火焰钎焊、炉中钎焊及高频感应钎焊等属于钎焊。

1.2　电焊设备、防护用品及辅助用具

电焊主要设备和工具有电弧焊机、焊钳和焊接电缆；防护用品有面罩、焊工手套、护

脚、工作服和平光眼镜；辅助用具有敲渣锤、錾子、钢丝刷、锉刀、烘干箱和焊条保温筒等。

1.2.1 电弧焊机

电弧焊机是进行焊接时不可缺少的设备，它实质是用来进行电弧放电的电源。电弧焊机按照供应电流的性质可分为交流焊机和直流焊机两大类（图3-1和图3-2）；按照结构不同又可分为弧焊变压器、弧焊发电机和弧焊整流器（图3-3）三种类型。

图 3-1 BX1-330 交流弧焊机

图 3-2 IGBT 控制直流弧焊机

图 3-3 ZX_5-400 弧焊整流器

（1）弧焊变压器

弧焊变压器是一种特殊的降压变压器，用以将交流电网的交流电变成适用于电弧焊的低电压交流电。由一次、二次绕组相隔离的主变压器及所需的调节和指示等装置所组成。获得陡降外特性的方法是在焊接回路中串联一可调电感，如图3-4所示。电感可以是独立的电抗器，也可以利用弧焊变压器自身的漏磁代替。

弧焊变压器结构简单，使用方便，易于维修，价格便宜。常用弧焊变压器有动铁式（BX1系列）、动圈式（BX3系列）、同体式（BX2系列）和抽头式（BX6系列）。常见型号有BX1-330、BX3-300、BX2-500、BX6-160等。

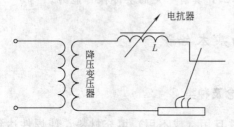

图 3-4 弧焊变压器的工作原理

弧焊变压器可用于焊条电弧焊、手工钨极氩弧焊、埋弧焊等焊接方法的焊接电源。

（2）IGBT 控制直流弧焊机

这实际是一款绝缘栅极双极晶体管式逆变弧焊机，它又称逆变弧焊电源、逆变整流器，代表弧焊电源的最新发展。

逆变弧焊电源主要由供电系统、电子功率系统、电子控制系统及反馈给定系统等组成。

逆变弧焊电源由三相（或单相）交流电网供给电压，经输入整流器 UR_1 整流和滤波器 L_1C_1 滤波后获得逆变器 UI 所需的平滑电流电压。在电子功率系统中，该直流电压经逆变器的大功率开关器件组 Q（绝缘栅极双极晶体管即 IGBT 式）的交替开关作用，变成几千至几万赫的中高频电压，再经过中（高）频变压器 T 降至合适于焊接的几十伏低电压，并借助于电子控制系统的控制驱动电路和给定反馈电路（P、G、N 等组成）及焊接回路的阻抗，获得焊接时电源所需要的外特性和动特性。逆变弧焊电源的基本工作原理，如图 3-5 所示。

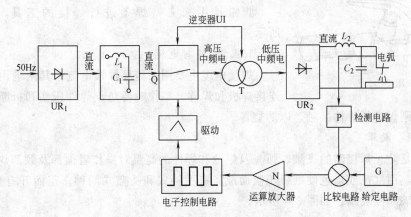

图 3-5 逆变弧焊电源的基本原理框图

当逆变弧焊电源用作直流时，需再用输出整流器整流和电抗器 L_2、电抗器 C 的滤波，把中频交流电变换成直流输出。

总之，弧焊逆变电源的变流过程是：工频交流→直流→逆变为高、中频交流→降压→交流→再次变成直流。

逆变弧焊电源与传统的弧焊电源相比，其特点有：体积小、质量轻；高效节能；动特性好、适应性强；适用范围广泛。

（3）弧焊整流器

弧焊整流器是一种将单相或三相交流电经变压、整流转换成直流电的焊接电源，采用硅整流器作为整流元器件的称为硅弧焊整流器或硅整流焊机；采用晶闸管整流的称晶闸管式弧焊整流器。硅弧焊整流器的工作原理如图 3-6 所示。它与旋转直流发电机（已淘汰）相比较有结构简单、坚固耐用、噪声小、维修方便和效率高等特点。

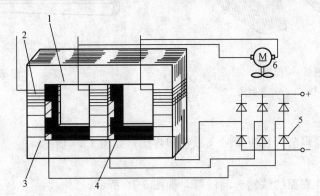

图 3-6 硅弧焊整流器的工作原理
1—铁心；2——次绕组；3—二次绕组；4—变压器；5—整流二极管；6—风扇

弧焊整流器按其输出的外特性不同，可分为下降特性（ZX 系列）、平特性（ZP 系列）和多用特性（ZD 系列）三种。下降特性的弧焊整流器主要用于焊条电弧焊、钨极压弧焊、等离子弧焊与切割、埋弧焊；平特性弧焊整流器主要用于熔化极气体保护焊和多站式焊条电弧焊；多用特性弧焊整流器主要用于熔化极、非熔化极氩弧焊等气体保护焊。

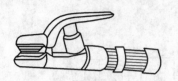

图 3-7　焊钳

1.2.2　焊钳

焊钳是用来夹持焊条进行焊接的工具，如图 3-7 所示。

1.2.3　焊接电缆

焊接电缆主要用来传导焊接电流，其两端用接线夹头连接焊机和焊件。工作时要防止焊件压伤和折断电缆，电缆切勿与刚焊完的焊件接触，以防烧坏。

1.2.4　面罩

面罩是防止焊接时的飞溅、弧光及熔池和焊件的高温对操作者面部及颈部灼伤的一种遮蔽工具，用红色或褐色硬纸板压制而成，有手持式和头盔式两种。正面开有长方形孔，内嵌白玻璃和黑玻璃，如图 3-8 所示。

1.2.5　焊工手套、护脚、工作服和平光眼镜

焊工手套是保护焊工手臂不受损伤和防止触电的专用护具。但不要戴着手套直接拿起灼热的焊件和焊条头，破损的手套应及时修补或更换。

护脚是保护焊工的脚腕不受损伤而使用的保护用品。

工作服是防止弧光及火花灼伤人体的防护用品，一般选用较坚固而不易着火的帆布，袖口要小，开口不要过多。焊接时上衣不要束在裤腰里，口袋应盖好，纽扣应扣好。

平光眼镜是清渣时配戴的，以防止熔渣灼伤眼睛。

1.2.6　敲渣锤

敲渣锤是清除焊渣用的一种尖锤，可提高清渣效率，如图 3-9 所示。

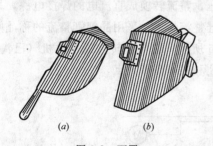

图 3-8　面罩
(a) 手持式；(b) 头盔式

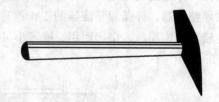

图 3-9　敲渣锤

1.2.7　錾子

錾子用于清除焊渣，也可铲除飞溅物和焊瘤，如图 1-27 所示。

1.2.8　钢丝刷

用以清除焊件表面的铁锈、油污等，如图 3-10 所示。

1.2.9　锉刀

一般使用半圆锉，因修理根部接头缓坡时较方便，如图 3-11 所示。

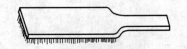
图 3-10 钢丝刷

图 3-11 锉刀

1.2.10 烘干箱

烘干箱是烘干焊条的专用设备，其温度应能根据需要调节，控制温度应准确，不得有"跑温"现象，如图 3-12 所示。

1.2.11 焊条保温筒

是焊工在施工现场携带的可储存少量焊条的一种保温容器，如图 3-13 所示。

图 3-12 烘干箱

图 3-13 焊条保温筒

1.3 气割（焊）的设备、辅助工具及防护用品

气割（焊）设备简单，不需电源，操作方便。它包括：氧气瓶、乙炔瓶、氧气减压器、乙炔减压器、割炬、焊炬、乙炔发生器等设备和工具及其他防护用品。

1.3.1 氧气瓶

氧气瓶是储存和运输氧气的高压容器，其外表涂天蓝色漆，并用黑漆写上"氧气"两字。氧气瓶的工作压力为 15MPa，容积为 40L。它包含瓶体、瓶阀，如图 3-14 所示。

1.3.2 乙炔瓶

乙炔瓶是一种储存和运输乙炔的容器，其外形与氧气瓶相似，外表涂成白色，并用红漆写上"乙炔"两字。乙炔瓶瓶内容积一般为 30L，工作压力为 1.5MPa，如图 3-15 所示。

1.3.3 氧气减压表

氧气减压表是将高压气体降为低压气体的调节装置。如把储存在氧气瓶内 15MPa 的高压气体减压至 0.2~0.4MPa 的工作压力，以供工作时使用。同时减压表还有稳压作用，使气体工作压力不会随气瓶内的压力减小而降低，如图 3-16 所示。

1.3.4 乙炔减压表

常用乙炔减压表型号为 QD-20 型单级式乙炔减压表，它与 QD-1 型氧气减压表构造基本相同，所不同的是乙炔瓶的瓶体旁侧没有连接减压表的侧接头，因此必须使用带有夹环

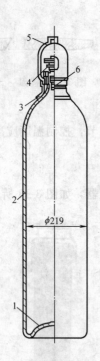

图 3-14 氧气瓶的构造

1—瓶底；2—瓶体；3—瓶箍；4—瓶阀；

5—瓶帽；6—瓶头

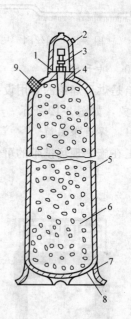

图 3-15 乙炔瓶的构造

1—瓶口；2—瓶帽；3—瓶阀；4—石棉；5—瓶体；

6—多孔填料；7—瓶座；8—瓶底；9—易熔塞

的乙炔减压表。乙炔瓶内的乙炔压力最高为 1.5MPa，而使用的乙炔最高工作压力不会大于 0.15MPa，如图 3-17 所示。

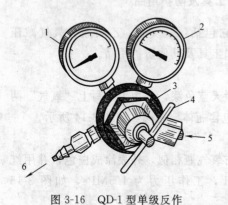

图 3-16 QD-1 型单级反作
用式氧气减压表

1—低压表；2—高压表；3—外壳；4—调压
螺钉；5—进气接头；6—出气接头

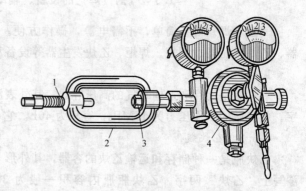

图 3-17 QD-20 型乙炔减压表

1—固紧螺钉；2—夹环；3—连接管；4—乙炔减压器

1.3.5 割炬

割炬是气割工作的主要工具。其作用是将可燃气体与氧气以一定的比例和方式混合后，形成具有一定热量和形状的预热火焰，并在预热火焰的中心喷射切割氧气进行气割，如图 3-18 所示。

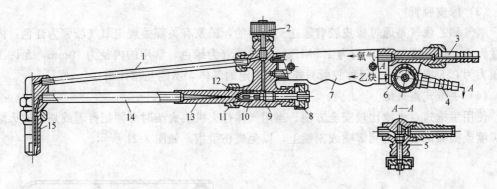

图 3-18 低压割炬的构造

1—切割氧气管；2—切割氧气调节阀；3—氧气接头；4—乙炔接头；5—乙炔阀针；6—乙炔调节阀；
7—手柄；8—预热氧调节阀；9—主体；10—氧气阀针；11—喷嘴；12—射吸管螺母；
13—射吸管；14—混合气管；15—割嘴

1.3.6 焊炬

焊炬是气焊时用于控制气体混合比、流量及火焰并进行焊接的工具。其作用是将可燃气体和氧气按一定比例混合，并以一定的速度喷出燃烧而生成具有一定能量、成分和形状的稳定的焊接火焰，如图 3-19 所示。

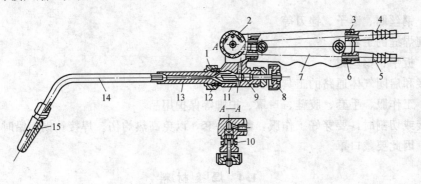

图 3-19 低压焊炬的构造

1—射吸管螺母；2—乙炔调节阀；3—乙炔进气管；4—乙炔接头；5—氧气接头；
6—氧气进气管；7—手柄；8—氧气调节阀；9—主体；10、11—乙炔阀针；
12—喷嘴；13—射吸管；14—混合气管；15—焊嘴

1.3.7 辅助工具和防护用品

(1) 气焊眼镜

气焊眼镜是气割、气焊时使用的有色眼镜，保护焊工的眼睛不受火焰亮光的刺激，以便在焊接过程中能仔细地观察熔池金属，又可防止金属飞溅物伤害眼睛。焊接时应根据被焊金属材料的性质和操作者的视力，选用颜色深浅合适的气焊眼镜。

(2) 通针

在焊接过程中，火焰孔道常发生堵塞现象，这时需要用钢质的锥形通针来疏通，在使用通针清理孔道时，通针和孔道必须保持在同一轴线上，不应有扭曲现象，否则会导致孔径磨损不均和产生划痕，使火焰偏斜，如图 3-20 所示。

(3) 橡皮胶管

氧气和乙炔气是通过橡皮胶管输送到焊炬的，国家有关部委规定氧气胶管为红色，内径常为8mm，允许工作压力为1.5MPa；乙炔胶管为绿色，常用的内径为10mm，允许工作压力为0.5或1MPa。每种胶管只能适用规定的气体，不能互相代用。

(4) 手枪式点火枪

使用手枪式点火枪比较安全方便。当用气体打火机或火柴时必须把打着或划着的火焰从焊嘴或割嘴侧后面送到焊嘴或割嘴上，以免烧伤手指，如图3-21所示。

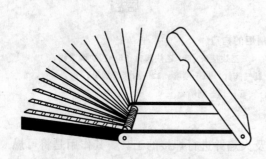
图 3-20 具有各种直径的成套通针

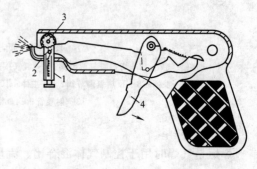
图 3-21 手枪式点火枪
1—弹簧管；2—电石；3—小摩擦轮；4—扣机

(5) 钢丝刷、锤子、锉刀等

清理焊缝的工具。

(6) 扳手、钢丝钳

连接和启闭气体通路的工具。

(7) 工作服、手套、胶鞋、口罩、护脚等保护用品

焊接或切割时，要穿好工作服，戴上手套，以免高热灼伤。焊接黄铜、铅时会产生有害气体，因此要戴口罩。

1.4 焊接材料

1.4.1 焊接材料的概念、作用、分类

焊接材料是指焊接时所消耗材料（包括焊条、焊丝、焊剂、气体等）的通称。

焊接材料起如下作用：

(1) 电弧焊时保证电弧稳定燃烧；电渣焊时保证电渣过程的稳定。

(2) 在焊接过程中保护液态熔池，防止大气中氧、氮、氢等气体侵入。

(3) 进行冶金反应和向熔池过渡合金元素，填充、控制和调整焊缝金属的组成成分和性能。

(4) 保证焊缝金属能很好地脱氧、脱硫、脱磷，防止产生焊接气孔和裂纹等缺陷，提高焊接质量。

(5) 改善施焊工艺性和劳动卫生条件，提高焊接效率。

焊接材料分两大类：一类是作为焊接填充材料用的，它包括焊条、焊丝、钎料和合金粉；另一类只在完成焊接过程作为辅助材料使用，它包括焊剂、熔剂、焊接用气体和消耗衬垫等。

1.4.2 焊条

(1) 焊条的组成

焊条是涂有药皮的供手弧焊用的熔化电极，它由焊芯和药皮组成。焊芯是由专门炼制的优质焊条钢，经轧制、拉拔而成；药皮是焊芯表面的涂层。如图3-22所示。

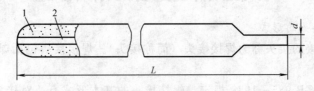

图 3-22 焊条的组成
1—药皮；2—焊芯

(2) 焊条的直径

焊条的直径实际上是指焊芯直径，通常为2、2.5、3.2mm 或3、4、5 或6mm 等几种规格。常用的是 $\phi 3.2$、$\phi 4$、$\phi 5mm$ 三种，其长度 L 一般在 250～450mm 之间。

(3) 焊条的作用

焊条有两个作用：一是作为电极，起传导焊接电流的作用；二是焊条熔化后作为填充金属直接过渡到熔池，与液态的母材熔合后形成焊缝金属。

(4) 焊条的分类

焊条按用途分九大类，即结构钢焊条、钼和铬钼耐热钢焊条、不锈钢焊条、堆焊焊条、低温钢焊条、铸铁焊条、镍及镍合金焊条、铜及铜合金焊条、铝及铝合金焊条；焊条按药皮熔化后的熔渣特性分为酸性焊条、碱性焊条。

1.4.3 焊丝

焊丝是气焊（或气体保护焊）时起填充作用的金属丝，气焊丝的直径一般为 2～4mm，焊丝直径要根据焊件厚度来选择，见表3-1。

焊丝直径与焊件厚度的关系（mm） 表3-1

焊件厚度	0.5～2	2～3	3～5	5～10
焊丝直径	1～2	2～3	3～4	3～5

1.4.4 焊剂

气焊焊剂是气焊时的助熔剂。其作用是保护熔池，减少空气的侵入，去除气焊时熔池中形成的氧化物杂质和增加熔池金属的流动性。

1.4.5 氧气

氧气是一种无色、无味、无毒的气体。氧气本身不能燃烧，但能帮助其他可燃物质燃烧。气焊、气割时，氧气纯度不应低于98.5%，一般氧气厂和氧气站可以满足气焊和气割的要求。

1.4.6 乙炔

乙炔是由电石和水相互作用分解而得到的，它是一种无色而带有特殊臭味的碳氢化合物。

1.4.7 液化石油气

液化石油气是油田开发或炼油厂裂化石油的副产品。其热值高，价格低廉，用它来代替乙炔进行金属切割和焊接，具有较大的经济意义。

1.5 焊接接头的形式、坡口形式和焊接位置

1.5.1 焊接接头的形式

用焊接方法连接的接头称为焊接接头（简称接头）。焊接接头包括焊缝、熔合区和热影响区。

根据国家标准 GB 985—1988 规定，焊接接头的基本形式有：对接接头、搭接接头、角接接头、T 形接头四种，如图 3-23 所示。

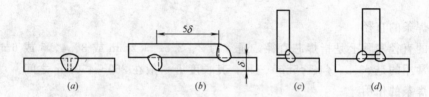

图 3-23　接头形式
(a) 对接；(b) 搭接；(c) 角接；(d) T 形接

1.5.2 坡口形式

坡口是为保证焊缝质量而在工件被焊处加工成的一定形状的沟槽，常见的坡口形式如图 3-24 所示，主要有 I 形坡口、V 形坡口、Y 形坡口、X 形坡口、U 形坡口、双 U 形坡口。

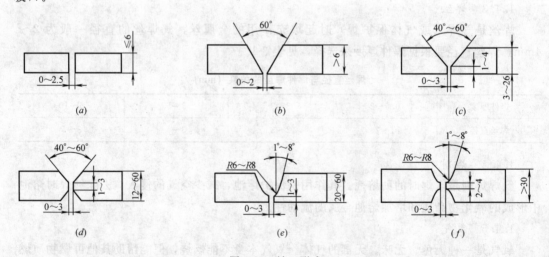

图 3-24　坡口形式
(a) I 形坡口；(b) V 形坡口；(c) Y 形坡口；(d) X 形坡口；(e) U 形坡口；(f) 双 U 形坡口

1.5.3 焊接位置

按照焊缝的空间位置，焊接位置可分为平焊、立焊、横焊、仰焊等。其选用主要根据焊接的空间而定。平焊易操作，因此尽量选用平焊。如图 3-25 所示。

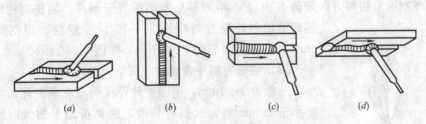

图 3-25 焊接位置
(a) 平焊；(b) 立焊；(c) 横焊；(d) 仰焊

课题 2 气 割

2.1 气割的基本知识

2.1.1 气割的概念、分类及气割金属的必备条件

利用气体火焰的热量，将割件待割处附近预热到燃点温度后，喷出高速切割氧流，使其燃烧以实现金属切割的方法，称为气割。

气割工作按设备和操作方法不同，又可分为手工气割和机械化气割。手工气割由于它的灵活性强、设备简单、便于移动等特点，得到了广泛运用。

金属进行气割的必备条件是金属的熔点应高于本身的燃点；金属氧化物熔点应低于切割金属本身的熔点及切割温度，且流动性要好；金属在氧流中燃烧时能释放出较多的热量，金属的导热性不能太高。

2.1.2 工艺参数及其影响

(1) 割炬型号和切割氧压力

切割氧压力与割件的厚度、割嘴号码、氧气纯度有关。

被割的割件越厚，割嘴号码应相应越大，同时，要选择相应较大的氧气压力；反之，应减小割嘴号码和氧气压力。氧气纯度越低，金属氧化速度越慢，气割时间越长，氧气消耗量也越多。气割时，一般氧气纯度应达到 99.6%，纯度小于 97.5% 的氧气则不适于气割作业。

(2) 切割速度

切割速度由气割工自行掌握，一般不作规定。切割速度主要决定于切割件的厚度。厚度越大，割速越慢。切割厚的大断面的工作时，为使切口产生的后拖量较小，保证气割质量，还要增加横向的摆动，如锯齿形、月牙形摆动等。

(3) 预热火焰能率

预热火焰能率以可燃气体每小时的消耗量（L/h）表示，预热火焰能率与割件厚度有关。割件越厚，火焰能率应越大。火焰能率太小，使切割速度减慢，甚至发生切割困难；火焰能率太大，不仅造成浪费，而且也会造成割件表面熔化及背面粘渣的现象。

(4) 割嘴和割件间的倾角

倾角的大小要随割件厚度而定。当气割 6～30mm 厚钢板时，割嘴应垂直于割件。气割小于 6mm 钢板时，割嘴可沿气割相反方向倾斜 5°～6°。气割大于 30mm 厚钢板时，开始气割应将割嘴沿切割方向倾斜 5°～10°，待割穿后割嘴垂直于割件，当快割完时，割嘴逐渐沿切割相反方向倾斜 5°～10°。一般自动切割焊缝宽为 3mm；手动切割焊缝宽为 4mm。如图 3-26 所示。

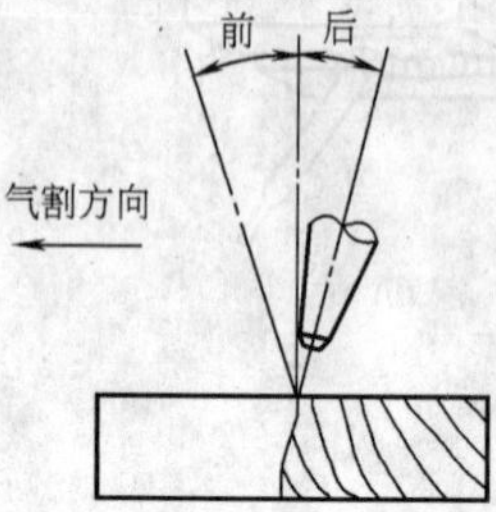

(5) 割嘴离割件表面的距离

一般为 3～5mm，但随割件厚度的变化而变化。当割件厚度小于 20mm 时，火焰可长些，距离可适当加大；当割件厚度大于或等于 20mm 时，由于气割速度放慢，火焰应短些，距离应适当减小。

图 3-26 割嘴与割件间的倾角示意图

2.1.3 气割顺序的确定

正确的气割顺序应以尽量减少气割后割件的变形，维护操作者的安全，气割顺手等原则来考虑。

(1) 同一割件上，先割直线，后割曲线。
(2) 同一割件上，先割边缘线，后割中间线。
(3) 由割线围成的同一图形中，既有大块，又有小块和孔时，则先割小块，后割大块，最后割孔。
(4) 同一割件上有垂直形割缝时，应先割底边，后割垂直边。
(5) 割圆弧时，应先定好圆心，割时应保持圆心不动。
(6) 割件断开的位置最后切割，此时操作者需特别小心，注意安全。

2.2 手工气割的基本操作方法

2.2.1 割件清理

将割件表面用钢丝刷仔细地清除鳞皮、铁锈和尘垢。割件下面用耐火砖垫空，以便排渣。

2.2.2 基础练习

取厚 10mm 的低碳钢一块，在该钢板上进行气割初步训练。

(1) 点火

点火之前，先检查割炬的射吸能力；逆时针方向稍微开启预热氧调节阀，再稍微打开乙炔调节阀；用点火枪点火，将火焰调节为中性焰。

(2) 起割

双脚呈八字形蹲在割件的一旁，右臂靠右膝盖，左臂悬空在两脚中间；右手把住割炬手把，并以右手的拇指和食指把住预热氧的阀门；左手的拇指和食指把住切割氧气阀门，左手的其余三指平稳地托住混合气管；上身不要弯得太低，呼吸要有节奏，眼睛注视割嘴和割线；起割点应在割件的边缘，待边缘预热到呈现亮红点即燃点时，将火焰略为移动至边缘以外，同时，慢慢打开切割氧阀门；当看到被预热的熔化金属在氧流中被吹掉，再进一步加大切割氧气阀门；随着氧流的加大，从割件的背面飞出鲜红的氧化铁渣，此时，证明割件已被割透，割速根据割件厚度自定，从右向左移动。

(3) 正常气割过程

起割后，即进入正常的气割阶段。此时应保证割速均匀，割嘴到割件表面的距离应保持在 3～5mm。

(4) 停割

气割过程临近终点停割时，割嘴应沿气割相反的方向倾斜一个角度，以便使钢板的下部提前割透，使割缝在收尾处也很整齐，停割后仔细清除割口周边上的挂渣，便于以后加工。

2.3 技能训练课题

2.3.1 钢板的直线气割

(1) 目的和要求

基本掌握割炬的使用方法；正确使用点火枪及点火不冒黑烟；掌握气割的基本操作步骤；能割直和割穿钢板上的直线。

(2) 设备和工具

氧气瓶、乙炔瓶、减压器、G01-30型割矩、3号环形割嘴、通针一副、活动扳手、胶把钳、榔锤、划针、石笔等。

(3) 材料

低碳钢板一块，要求：长500mm，宽300mm，厚10mm。

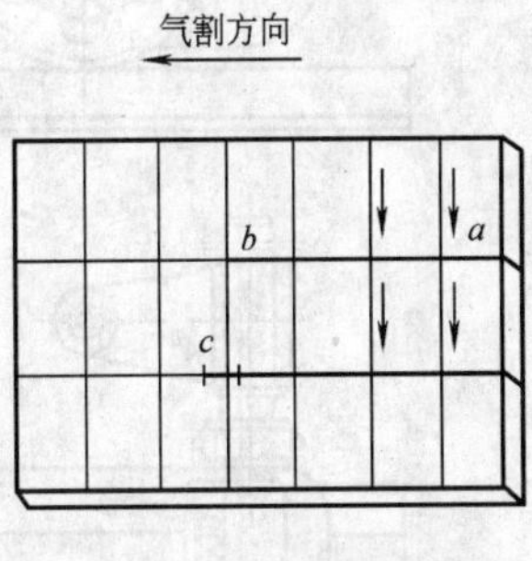

(4) 操作步骤

1) 清理钢板表面，用石笔按图 3-27 所示画气割直线；
2) 接好减压表，打开氧气阀门和乙炔阀门，检查割炬的射吸能力；
3) 用点火枪点火，调好火焰，即中性焰；
4) 摆好姿势，准备气割；
5) 在钢板右边缘处预热，呈现亮点后，把割炬稍移至钢板边缘外，再慢慢打开切割氧阀门，直至钢板背面飞出鲜红的氧化铁渣；
6) 沿画好的直线匀速移动，直至割完。

2.3.2 坡口的气割

(1) 目的和要求

掌握各种厚度的钢板的坡口加工（30°、45°、90°），便于钢板的对接焊。

(2) 设备与工具

手工气割设备与工具同钢板的直线气割一样，外加两根∟40×40角钢（500mm），如图3-28所示。一台CG1-30型半自动气割机，如图3-30所示。

(3) 材料

图 3-27 直线气割示意图

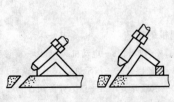

图 3-28 依靠角钢导向切割坡口

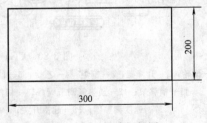

图 3-29 低碳钢板图

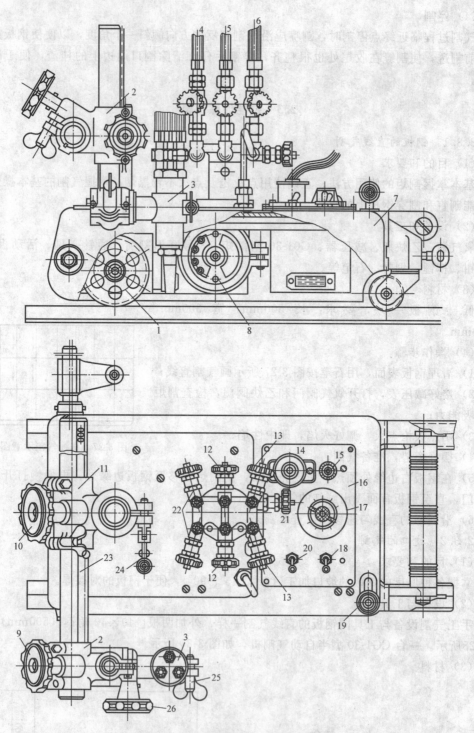

图 3-30　CG1-30 型半自动气割机的构造

1—滚轮；2—升降架；3—割炬；4—乙炔；5—预热氧；6—切割氧；7—机身；8—电动机；9、10—横移手轮；11—横移架；12—预热氧调节阀；13—切割氧调节阀；14—矩形插座；15—指示灯；16—操纵板；17—速度调整器；18—起割开关；19—离合器手柄；20—倒顺开关；21—压力开关阀；22—乙炔调节阀；23—移动杆；24—移动手柄；25—蝶形螺母；26—调节手轮低碳钢板六块,要求:长300mm,宽200mm,厚10mm,如图3-29所示。

(4) 操作步骤(手工)

1) 清理钢板表面,划好线,使钢板正表面的宽度变为110mm,其余不变;半自动气割机上的速度调整器调整在3档。

2) 打开乙炔阀门半圈和稍开预热氧阀门,点好火,调好火焰,摆好姿势,准备气割。

3) 把角钢倒扣在钢板待割直线上,割嘴紧贴角钢一侧,准备手工气割;或把半自动气割机的割嘴调准到待割钢板处的边缘。

4) 在钢板边缘处预热,达到燃点时,手工割时,割炬稍移到钢板边缘外,然后打开切割氧阀门,以向后拖的操作方式(或向前推)切割钢板;使用半自动气割机割时,直接打开切割氧阀门大半圈。

5) 手工割时,逐渐加大切割氧阀门,直至背面飞出鲜红的氧化铁渣,此时,证明钢板已割透,并以适当的速度保持后拖(或前推);使用半自动气割机割时(图3-30),见背面飞出鲜红的氧化铁渣时,再搬动倒顺开关,使半自动气割机自动前进或后退。

2.3.3 转动钢管的气割

(1) 目的和要求

掌握转动钢管的气割方法,进一步加强切割技术。

(2) 设备和工具

同钢板直线气割相同。

(3) 材料

低碳钢管件,要求:直径150mm,壁厚3.5mm左右,长2m。

(4) 操作步骤

1) 清理钢管表面,按图3-31所示划好气割线。

2) 接好减压器,打开阀门,并调好压力。

3) 检查割炬射吸能力。

4) 点火并调好火焰(中性焰),摆好姿势,准备气割。

5) 按图3-32所示,从钢管的侧面割线处预热至亮红点,并打开切割氧阀门,使其割透。

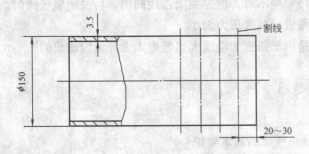
图3-31 钢管气割位置示意图

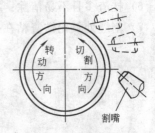
图3-32 转动钢管示意图

6) 割透后,割嘴往上倾斜,并逐渐接近管子切线角度。

7) 割一段后,将管子稍加转动,再继续气割,直至把钢管割开,一般较小直径钢管分2~4次割完。

2.3.4 工件质量评价及质量分析

（1）工件质量评价及质量分析

气割时，不管是割直线、坡口还是钢管等，都必须按表 3-2 的评分标准为准。

气割工件的质量要求及评分标准　　　　　　　　表 3-2

项次	项目及要求	分值	评价	评分	备注
1	清理割件表面	5	根据表面干净情况酌情打分		
2	正确操作割炬，姿势要正确	10	操作割炬错误扣 5 分，姿势错误扣 5 分		
3	正确点火及调节火焰	15	点火冒黑烟扣 7 分，未按要求调节火焰扣 8 分		
4	起割正确，割线符合要求，割口必须保持有棱角	25	起割错误扣 8 分，割线不符合要求扣 8 分，割口无棱角扣 7 分		
5	割口周边挂渣尽量少，易清除	15	根据清除挂渣难易程度酌情扣分		
6	关闭割炬阀门顺序正确，且不得冒黑烟	15	关闭割炬阀门顺序不正确扣 7 分，关闭时冒黑烟扣 8 分		
7	安全文明生产：按国颁安全生产法规中有关本工种规定或企业自定有关规定考核	5	根据现场记录，违反规定扣 1~5 分		
8	时限 30min(10 条线)	10	超出考核时限小于 5min 扣 5 分；超出并小于 10min 扣 10 分；超出 10min，按不及格论		
总分	100 分	姓名	学号	教师签名：	成绩

（2）质量分析

1）点火时冒黑烟：预热氧调节阀未开启或开启过小。

2）割件未割透：割件预热时间不够，未达到其燃烧点，或切割高压氧压力不够。

3）割线不直，断面凹凸不平、不光洁：初次练习时，手发抖、心发慌，割炬握得太紧，使得割线不直及断面凹凸不平、不光洁。

4）割口无棱角：割速太慢或火焰能率太大等，使得割口无棱角。

5）熄火时冒黑焰：关闭割炬阀门顺序不对，应先关闭乙炔阀门，后关闭氧气阀门。

6）挂渣多且不易清除：割速太慢或切割氧压力太小。

7）割缝处氧化铁渣粘在一起：是由于割速太慢或火焰能率太大等原因造成的。

课题 3　气　焊

3.1　气焊的基本知识

3.1.1　气焊的概念、特点及适用范围

利用可燃气体与助燃气体混合燃烧所释放出的热量作热源，进行金属焊接的方法称为气焊。气焊由于设备简单、不需电源、操作方便等特点，使其应用比较广泛。生产中常用气焊的方法来焊接较薄的碳钢、合金钢及有色金属等材料及进行铸铁件的焊补。

3.1.2 氧-乙炔焰

氧-乙炔焰就是乙炔与氧混合燃烧所形成的火焰。

火焰的种类,根据氧和乙炔的不同比率,氧-乙炔火焰可分为中性焰、碳化焰和氧化焰三种。

3.1.3 焊接工艺参数

焊接时,为了保证焊接质量而选定的各个物理量,称为焊接工艺参数。它包括焊丝的牌号及直径、气焊熔剂、火焰的性质及能率、焊炬的倾斜角度、焊接方向和焊接速度等。它们是保证焊接质量的主要技术依据。

3.2 气焊的基本操作方法

3.2.1 焊炬的握法

右手持焊炬,将拇指位于乙炔开关处,食指位于氧气开关处,以便于随时调节气体流量,用其他三指握住焊炬柄。

3.2.2 火焰的点燃

先逆时针旋转氧气调节阀放出氧气,再逆时针微开乙炔调节阀,然后将焊嘴靠近火源点火。开始练习时,可能出现连续的"放炮"声,原因是乙炔不纯,这时应放出不纯的乙炔,然后重新点火;有时会出现不易点燃的现象,原因大多是氧气量过大,这时应重新微开阀门。

点火时,拿火源的手不要正对焊嘴,也不要将焊嘴指向他人,以防烧伤。

3.2.3 火焰的调节

开始点燃的火焰多为碳化焰,如要调成中性焰,则应逐渐增加氧气的供给量,直至火焰的内焰与外焰没有明显的界限时,即为中性焰。如果再继续增加氧气或减小乙炔,就得到氧化焰;反之增加乙炔或减少氧气,即可得到碳化焰。

通过同时调整氧气和乙炔的流量大小,可得到不同的火焰能率。调整的方法是:若减小火焰能率时,应先减小氧气,后减小乙炔;若增大火焰能率时,应先增加乙炔,后增加氧气。

3.2.4 火焰的熄灭

焊接工作结束或中途停止时,都必须熄灭火焰。正确的灭火方法是:先顺时针方向旋转乙炔阀门,直至关闭乙炔,再顺时针方向旋转氧气阀门关闭氧气,这样可以避免出现黑烟。此外,关闭阀门以不漏气即可,不要关得过紧,以防止磨损过快,降低焊炬的使用寿命。

课题4 焊条电弧焊

将电通过焊接设备使电能转化成热能、机械能等,通过加热或加压(或两者并用),并且用(或不用)填充材料,使焊件达到原子结合加工的方法,称为电弧焊。

电弧焊又可分为焊条电弧焊(手工电弧焊)、半自动电弧焊、自动电弧焊三种。由于焊条电弧焊所需设备简单,操作方便、灵活,适用于各种条件下的焊接。

4.1 焊条电弧焊的基本知识

4.1.1 焊条电弧焊的工作原理

焊条电弧焊是工业生产中应用最广泛的焊接方法，它的原理是利用电弧放电（俗称电弧燃烧）所产生的热量将焊条与工件互相熔化并在冷凝后形成焊缝，从而获得牢固接头的焊接过程，如图 3-33 所示。

在工件与焊条两电极之间的气体介质中持续强烈的放电现象称为电弧，如图 3-34 所示。

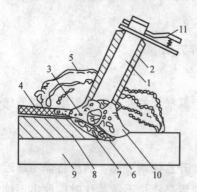

图 3-33 焊条电弧焊示意图
1—焊条芯；2—焊药；3—液态熔渣；4—凝固的熔渣；
5—保护气体；6—熔滴；7—熔池；8—焊缝；
9—工件；10—电弧；11—焊钳

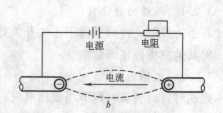

图 3-34 电弧示意图

4.1.2 焊条电弧焊的适用范围及特点

焊条电弧焊是用手工操作焊条进行焊接工作的，可以进行平焊、立焊、横焊和仰焊等多种位置焊接。另外，由于焊条电弧焊设备轻便简单、搬运灵活、操作方便，所以其适应性较强。所以说，焊条电弧焊可以在任何有电源的地方进行焊接作业，适用于各种金属材料、各种厚度、各种结构形状的焊接，应用特别广泛。

4.1.3 焊接工艺参数的选择方法

焊接工艺参数是指焊接时，为保证焊接质量而选定的诸物理量的总称。焊条电弧焊的焊接参数主要有焊条直径的选择、焊接电流、电弧电压（即电弧长度）、焊接速度、焊接层数等。

焊接工艺参数选择得正确与否，直接影响焊缝的形状、尺寸、焊接质量和生产率，因此选择合适的焊接工艺参数是焊接生产上不可忽视的一个重要问题。

(1) 焊条的选用

焊条直径的选择主要取决于焊件的厚度、接头形式、焊缝位置及焊接层数等因素。在不影响焊接质量的前提下，为了提高劳动生产率，一般倾向于选择较大直径的焊条，其关系见表 3-3。

焊条直径与焊件厚度的关系　　　　　　表 3-3

焊件厚度(mm)	≤2	3～4	5～12	≥12
焊条直径(mm)	2	3.2	4～5	≥5

(2) 焊接电流的选择

焊接时，流经焊接回路的电流称为焊接电流。焊接电流的大小是影响焊接生产率和焊接质量的重要因素之一。焊接时决定电流强度的因素很多，但主要是焊条直径、焊缝位置和焊条类型。

焊接电流选择是否合适可根据以下几点来判断：

1) 看飞溅。电流过大时，电弧吹力大，可看到较大颗粒的铁水向熔池外飞溅，爆裂声大，焊件表面不干净；电流过小时，电弧吹力小，熔渣和铁水不易分开。

2) 看焊缝成型。电流过大时，熔深大，焊缝低，两边易产生咬边；电流过小时，焊缝窄小，且两侧与基本金属熔合不好；电流适中时，焊缝两侧与基本金属熔合很好。

3) 看焊条熔化状况。电流过大时，焊条烧了大半根，其余部分已发红；电流过小时，电弧燃烧不稳定，焊条易粘在焊件上。

(3) 电弧电压

焊条电弧焊的电弧电压在焊接中的大小变化，主要由电弧长度来决定。电弧过长，燃烧不稳定，飞溅大，易造成焊接缺陷；电弧过短，容易粘焊条。电弧长度一般为 2~4mm，或等于焊条直径的 1/2~1 倍。

(4) 焊接速度

焊接速度是指单位时间内完成焊缝的长度。焊条电弧焊时，在保证焊缝具有所要求的尺寸和外形，且熔合良好的原则下，焊接速度由焊工根据具体情况灵活掌握。

(5) 焊接层数

在焊件厚度较大时，往往需要多层焊。根据实际经验，每层厚度约等于焊条直径的 0.8~1.2 倍时，生产率较高，并且比较容易操作。

4.2 焊条电弧焊的基本操作方法

4.2.1 引弧

焊条电弧焊时引燃焊接电弧的过程称为引弧。常用的引弧方法有划擦法和直击法两种。

(1) 划擦法引弧

先将焊条前端对准焊件，然后将手腕扭转一下，使焊条在焊件表面上轻微划擦一下，焊条提起 2~4mm，即在空气中产生电弧。引弧后，使电弧长度不超过焊条直径。这种引弧方法类似划火柴，易于掌握，如图 3-35 所示。

(2) 直击法引弧

先将焊条前端对准焊件，然后将手腕下弯，使焊条轻微碰一下焊件，再迅速将焊条提起 2~4mm，即产生电弧。引弧后手腕放平，使弧长保持在与所用焊条直径相适应的范围内。初学这种引弧方法时，因手腕动作不灵活，感到不易掌握，如图 3-36 所示。

(3) 注意事项

1) 为便于引弧，焊条前端应裸露出焊芯。

2) 焊条与焊件接触后，焊条提起的时间要适当。

3) 引弧时，如发生焊条粘在焊件上，不要慌忙，将焊条压住焊件左右摆几下，就可以脱离开来。如果焊条还不能脱离焊件，就应该立即将焊钳从焊条上取下，待焊条冷却

图 3-35 划擦法引弧

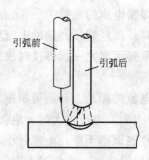
图 3-36 直击法引弧

后，用手将焊条扳掉。

4) 重新引弧时要注意夹持好焊条，重复上述步骤。

5) 初学引弧，学员好奇心强，要注意防止电弧光灼伤眼睛；对刚焊完的焊件和焊条头不要用手触摸，以免烫伤。

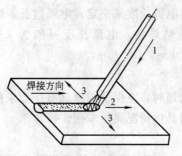

图 3-37 焊条的基本动作
1—沿焊条中心线向熔池送进；2—沿焊接方向移动；3—焊条横向摆动

4.2.2 运条

焊接过程中，焊条相对焊缝所做的各种动作总称运条，正确运条是保证焊缝质量的基本因素之一。运条包括沿焊条中心线向熔池送进、沿焊接方向移动和横向摆动三种，如图 3-37 所示。

(1) 沿焊条中心线向熔池送进

是向熔池提供填充金属，送给速度与焊条熔化的速度应相等，弧长才能不变。送给速度太快，产生短路；太慢则断弧。

(2) 沿焊接方向移动

是控制焊缝成型，当其他工艺参数确定后，移动的速度决定着焊缝的外形尺寸、外观和内部质量。

(3) 焊条横向摆动

它可以控制加热温度，对熔池进行搅拌，使焊缝横向尺寸满足要求。常用的横向摆动形式如图 3-38 所示。

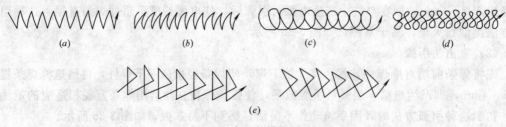

图 3-38 常用的横向摆动形式
(a) 锯齿形；(b) 月牙形；(c) 环形；(d) 8 字形；(e) 三角形

4.2.3 焊缝的接头

后焊焊缝与先焊焊缝的连接处称为焊缝的接头。焊缝接头应力求均匀，防止产生过高、脱节、宽窄不一致等缺陷。常用焊缝的接头有四种，它们分别是尾—头连接、头—头连接、尾—尾连接和头—尾连接，如图 3-39 所示。

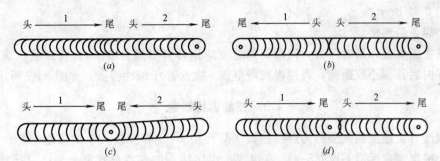

图 3-39 四种焊道接头的方式
1—先焊焊缝；2—后焊焊缝

(1) 尾—头连接

在先焊焊缝弧坑稍前处（约 10mm）引弧。电弧长度比正常焊接略微长些（碱性焊条电弧不可加长，否则易产生气孔），然后将电弧移到原弧坑的 2/3 处，填满弧坑后，即向前进入正常焊接。

(2) 头—头连接

要求先焊焊缝的起头处要略低些，接头时在先焊焊缝的起头略前处引弧，并稍微拉长电弧，将电弧引向先焊焊缝的起头处，并覆盖它的端头，待起头处焊缝焊平后再向先焊焊缝相反的方向移动。

(3) 尾—尾连接

是后焊焊缝从接口的另一端引弧，焊到前焊缝的结尾处，焊接速度略慢些，以填满焊缝的弧坑，然后以较快的焊接速度再略向前焊一小段，熄弧。

(4) 头—尾连接

是后焊的焊缝结尾与先焊的焊缝起头相连接，要求后焊的焊缝焊至靠近前焊焊缝始端时，改变焊条角度，使焊条指向前焊缝的始端拉长电弧，形成熔池后，再压低电弧，往回移动，返回原来熔池处收弧。

4.2.4 收尾

(1) 划圈法

焊条在收尾处的弧坑上作螺旋运动，直径越旋越小，直至填满弧坑灭弧，此法适用于厚板，如图 3-40 所示。

(2) 反复断弧引弧法

焊条在收尾处的弧坑上反复断弧引弧，弧坑逐渐缩小，焊波成"宝塔"形，直至将弧

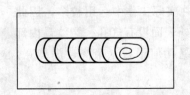

图 3-40 划圈法收尾

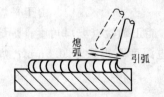

图 3-41 反复断弧引弧法

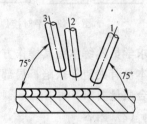

图 3-42 焊条后移法

坑填满，此法一般适用于薄板和大电流焊接，但碱性焊条不宜使用此法，因为容易产生气孔，如图3-41所示。

(3) 焊条后移法

焊条在弧坑处作瞬时停留，同时朝焊缝方向偏转（右倾角增大），待弧坑填满后，焊条焊缝方向后移一小段距离，再慢慢拉断电弧，此法多于碱性焊条，如图3-42所示。

4.3 技能训练课题

用焊接方法连接的接头称为焊接接头（简称接头）。焊接接头包括焊缝、熔合区和热影响区。根据国家标准GB 985—1988规定，焊接接头的基本形式可分为：对接接头、T形接头、角接接头、搭接接头四种。

单面焊双面成形操作技术是采用普通焊条，以特殊的操作方法，在坡口背面没有任何辅助措施的条件下，在坡口的正面进行焊接，焊后保证坡口的正、反两面都能得到均匀整齐、成型良好、符合质量要求的焊缝的焊接操作方法。它是焊条电弧焊中难度较大的一种操作技术，适用于无法从背面清除焊根或无法从背面进行焊接的重要焊件。

单面焊双面成形，第一层打底焊时的运条操作手法，可分为连弧焊法（连续施焊法）和断弧焊法（间断灭弧施焊法）两种。

连弧焊法在焊接过程中电弧连续燃烧，不熄灭；采取较窄的坡口间隙和较小的钝边；选用较小的焊接电流；小幅度锯齿形横向摆动，坡口两侧稍停留；始终保持短弧连续施焊。连弧焊仅要求焊工保持平稳和均匀的运条，操作手法没有较大变化，容易掌握。焊缝背面成型比较细密、整齐，能够保证焊缝内部质量要求，但如果操作不当，焊缝背面易造成未焊透或未熔合现象。

断弧焊法在焊接过程中，依靠电弧的穿透能力来熔透坡口钝边，使焊件每侧熔化1~2mm，并在熔池前沿形成一个略大于装配间隙的熔孔，熔池金属中有一部分过渡到焊缝根部及焊件背面并与母材熔合良好。在熄弧瞬间形成一个焊波，当前一个焊波未完全凝固时，马上又引弧，这样通过电弧反复交替燃烧与熄灭控制熄弧时间，达到控制熔池的温度、形状和位置，以获得良好的背面成形和内部质量。断弧焊采取的坡口钝边和装配间歇比连弧焊稍大，选用的焊接电流范围比较宽，使电弧具有足够的穿透能力。由于断弧焊操作手法变化较大，掌握起来有一定难度，要求焊工具有较熟练的操作技术。

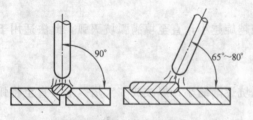

图3-43 平对接焊的操作

4.3.1 钢板的平对接焊

平对接焊是在平焊位置上焊接对接接头的一种操作方法，如图3-43所示。

(1) 目的和要求

由于平焊在实际工作中运用较多，因此要求学员熟练掌握其操作方法；能正确检查坡口角度；焊缝外表面没有气孔、裂纹，内部基本没有夹渣等缺陷；局部咬边深度不得大于0.5mm；焊缝几何形状（余高、焊缝宽）符合质量要求。

(2) 内容

钢板的平对接焊，单面焊双面成形，如图3-44所示。

(3) 操作准备

1) 电弧焊机：IGBT 控制直流弧焊机，直流反接法。

2) 焊条：型号为 E595，直径 3.2mm 和 4mm。

3) 实习焊件：低碳钢板，每块长 300mm，宽 120mm，厚度 12mm，开 V 形坡口，钝边 1~2mm。

(4) 操作步骤及要领

1) 焊前清理：用钢刷或砂布清理坡口及其附近上下的铁锈及油污，直至露出金属光泽。

2) 装配：将两板水平放置，对齐，两板间隙成八字形，留 3~4mm，如图 3-45 所示。

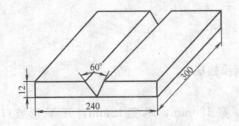

图 3-44　V 形坡口钢板对接平焊

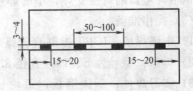

图 3-45　装配及定位焊的要求

3) 定位焊：将电流调在 100A 左右，用 φ3.2mm 焊条点固，固定两板的相对位置，点固后要敲去焊渣。焊件长时，可每隔 200mm 左右点固一次，定位焊长度为 10~20mm。

4) 预留反变形量：采用一定的方法，使焊件反变形为 3°~4°，或根据经验确定，其角度的大小可用万能角度尺测量或用目测。

5) 打底焊：调好焊接电流为 80~90A；用 φ3.2mm 的焊条，采用连弧焊法，焊条作锯齿形横向摆动，坡口两侧稍停留，短弧，连续施焊。

焊道接头前收弧时，焊条回拉 10~15mm，接头处呈斜面状，焊道接头采用热接法或冷接法，采用冷接法时，将弧坑处打磨成缓坡后再焊接；保持熔池形状大小均匀一致，保持焊条与焊件之间的角度正确。或采用断弧焊法进行打底层的焊接（每分钟灭弧次数应保持在 20~30 次）。使焊缝背面成形比较细密、整齐，余高不得大于 3mm。

6) 填充焊：填充焊前先将打底焊道熔渣、飞溅物清除干净；焊件调头；调整电流为 160~175A，用 φ4mm 的焊条；采用锯齿形（或月牙形）运条，焊条摆动幅度比打底焊时大些，在坡口两侧停留时间也要稍长些；每焊一道调一次头，直至坡口内的焊缝低于坡口边缘 0.5~1.5mm 左右。

7) 盖面层：清除填充层的熔渣和飞溅物；焊件调头；调整电流为 160~170A，用 φ4mm 的焊条；盖面层焊条角度、运条方法和接头方法与填充层相同，摆动幅度要比填充焊大，摆动到坡口边缘处要稍做停留，避免产生咬边；盖面焊时每侧增宽量为 0.5~1.5mm。

8) 焊后清理：用手锤敲去焊缝上的焊渣，用钢丝刷将焊件表面的飞溅物清理干净。

9) 检验：用外观方法检查焊缝质量，若有缺陷，分析原因，不得进行修补，保持原始状态。

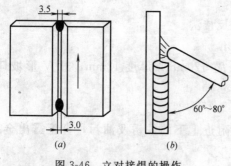

图 3-46 立对接焊的操作

4.3.2 钢板的立焊

立对接焊是指对接接头焊件处于立焊位置时的操作,如图 3-46 所示。

(1) 目的和要求

熟练掌握立焊操作技能。要求焊接表面应均匀,接头处不应接偏或脱节,焊波不应有脱节;焊缝的余高和熔宽应基本均匀,不应有过高、过低或过宽、过窄的现象;无明显咬边;焊缝表面无夹渣、气孔、未焊透等缺陷;焊缝反面应无烧穿和塌陷。

(2) 内容

钢板开坡口的对接立焊,单面焊双面成型。

(3) 操作准备

1) 电弧焊机:IGBT 控制直流弧焊机,直流反接法。

2) 焊条:型号为 E5015,直径 3.2mm。

3) 实习焊件:低碳钢板,每块长 300mm,宽 120mm,厚度 12mm,开 V 形坡口,钝边 1~2mm。

(4) 操作步骤及要领

1) 焊前清理:用钢刷或砂布清理待焊处附近的铁锈及油污,直至露出金属光泽。

2) 装配:将两板水平放置,对齐,两板间隙成八字形留 3.5~4mm。

3) 定位焊:将电流调在 100A 左右,用 φ3.2mm 焊条点固,固定两板的相对位置,点固后要敲去焊渣。焊件长时,可每隔 200mm 左右点固一次,定位焊长度为 10~20mm。然后将焊件离地 400mm 垂直固定好。

4) 预留反变形量:采用一定的方法,使焊件反变形为 3°~4°,或根据经验确定;其角度的大小可用万能角度尺测量或用目测。

5) 打底焊:调好焊接电流为 80~90A;用 φ3.2mm 的焊条,采用无依托(或有依托)的正握法(或反握法),如图 3-47 所示,用连弧焊法进行打底层的焊接。

在焊件下端定位焊缝上面约 10~20mm 处引弧,并迅速下拉到定位焊缝

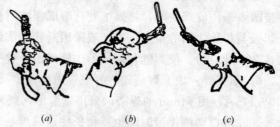

图 3-47 握焊钳的方法
(a)、(b) 正握法;(c) 反握法

上,停顿预热 1~2s 后,再向上摆动运条。到达定位焊缝上沿时,加大焊条下倾角度,坡口根部熔化并被击穿,形成熔孔。在焊接过程中要注意观察熔池和熔孔大小,熔池的形状呈水平的椭圆形为好,如图 3-48 所示。使焊道成熔透焊道,但注意不要造成凸形焊道,如图 3-49 所示。

焊条作锯齿形横向摆动,坡口两侧稍停顿,短弧、连续施焊,向上运条要均匀,间距要适宜。

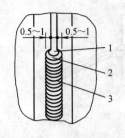

图 3-48 熔孔与熔池
1—熔孔；2—熔池；3—焊缝

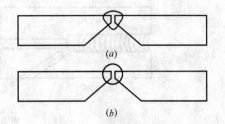

图 3-49 开坡口立对接焊的打底层焊
(a) 根部焊道不良；(b) 根部焊道良好

接头收弧时，焊条向左或右下方回拉 10～15mm，接头处呈斜面状；采用热接法或冷接法接头，接头时在弧坑下方 10mm 处引弧，摆动向上施焊；焊条倾角大于正常焊接角度 10°，电弧向焊根背面压送，稍停留，根部被击穿并形成熔孔时，焊条倾角恢复到正常角度，横向摆动向上焊接。

6) 填充焊：填充焊前先将打底焊道熔渣、飞溅物清除干净；焊件调头；调整电流为 100～120A，用 ϕ3.2mm 的焊条；采用锯齿形横向（或月牙形、小三角形）运条，焊条角度比打底焊下倾 10°～15°；每焊一道调一次头，直至坡口内的焊缝低于坡口边缘 1～1.5mm 左右。如图 3-50 所示。

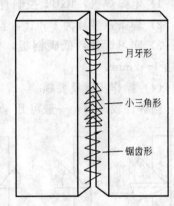

图 3-50 开坡口立对接焊的运条法

7) 盖面层：清除填充层的熔渣和飞溅物；调整电流为 100～110A，用 ϕ3.2mm 的焊条；盖面层焊条角度、运条和接头方法与填充层相同；在焊缝坡口两侧（即 a、b 两点）应压低电弧，并停顿，稍微加快摆动速度，避免咬边和焊瘤的产生；接头处还应避免焊缝过高和脱节。如图 3-51 所示。

8) 焊后清理：用手锤敲去焊缝上的焊渣，用钢丝刷将焊件表面的飞溅物清理干净。

9) 检验：用外观方法检查焊缝质量，若有缺陷，分析原因，不得进行修补，保持原始状态。

4.3.3 钢板的横焊

钢板横焊是焊件处于垂直位置，而接口处于水平方位的一种焊接操作，如图 3-52 所示。

(1) 目的和要求

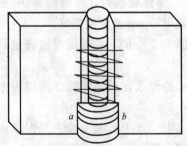

图 3-51 开坡口立对接焊的表层运条法

熟练掌握横焊操作技能。横焊时，由于它是在垂直面上焊接水平焊缝的操作方法，熔化金属受重力作用，容易下淌，在焊缝上侧易产生咬边，下侧易产生下坠或焊瘤等缺陷。因此，焊接时要选用较细直径焊条，小的焊接电流，多层多道焊，短弧操作。要求焊接表面均匀，接头处不应有接偏或脱节现象；焊缝宽度和余高应基本均匀，不应有过宽、过窄或过高、过低现象；应达到无明显咬边和焊瘤；焊缝表面应无气孔、夹渣、裂纹的缺陷；焊件上不允许有引弧痕迹。

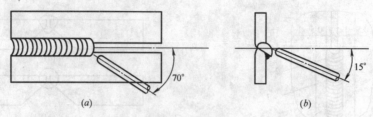

图 3-52 横焊操作

(2) 内容

开坡口的横焊操作，单面焊双面成型。

(3) 操作准备

1）电弧焊机：IGBT 控制直流弧焊机，直流反接法。

2）焊条：型号为 E5015，直径 3.2mm。

3）实习焊件：低碳钢板，每块长 300mm，宽 120mm，厚度 12mm，开 V 形坡口，钝边 1～2mm。

(4) 操作步骤及要领

当焊件较厚时，一般可开 V 形、U 形、单 V 形或 K 形坡口。横焊时的坡口特点是下面焊件不开坡口或坡口角度小于上面的焊件，如图 3-53 所示。

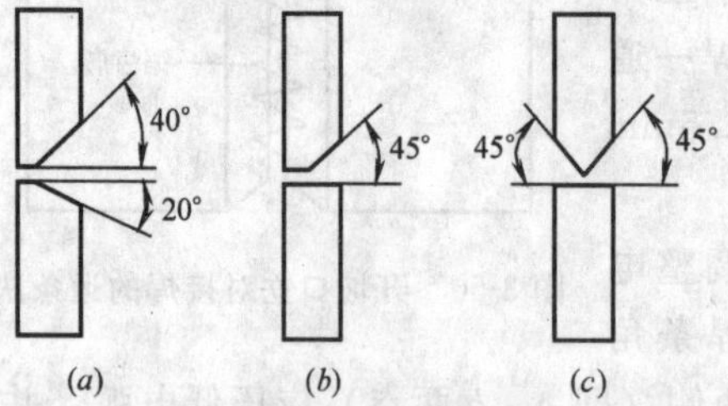

图 3-53 横焊接头的坡口形式
(a) V 形坡口；(b) 单边坡口；(c) K 形坡口

1）焊前清理：用钢刷或砂布清理待焊处附近的铁锈及油污，直至露出金属光泽。

2）装配：将两板水平放置，对齐，两板间隙成八字形留 3.2～4mm。

3）定位焊：将电流调在 100A 左右，用 φ3.2mm 焊条点固，固定两板的相对位置，点固后要敲去焊渣。焊件较长时，可每隔 200mm 左右点固一次，定位焊长度为 10～20mm。然后将焊件离地 850mm 垂直固定好。

4）预留反变形量：采用一定的方法，使焊件反变形为 5°～8°，或根据经验确定；其角度的大小可用万能角度尺测量或用目测。

5）打底焊：调好焊接电流为 80～90A，用 φ3.2mm 的焊条，采用连弧焊法锯齿形短弧进行打底层的焊接。

打底焊时在始焊端定位焊缝处引弧，上下摆动向右焊接，到达定位焊缝前沿时，电弧向焊根背面压送，稍停留，根部被熔化并击穿，形成熔孔。

电弧在上坡口根部停留时间比在下坡口停留时间稍长，使上坡口根部熔化 1～1.5mm，下坡口根部熔化 0.5～1mm；电弧的 1/3 用来熔化和击穿坡口根部，控制熔孔，电弧的 2/3 覆盖在熔池上，保持熔池形状均匀一致。

焊道接头采用热接法或冷接法，即在收弧时，焊条向焊接方向的下坡口面回拉 10～15mm，逐渐抬起焊条，形成缓坡；在距弧坑前约 10mm 的上坡口面将电弧引燃，电弧移至弧坑前沿时，压向焊根背面，稍作停顿，形成熔孔后，电弧恢复到正常焊接长度，再继续施焊。冷接法焊接前，先将收弧处焊道打磨成缓坡，再按热接法的引弧位置和操作方法焊接。

6) 填充焊：填充焊前先将打底焊道的熔渣、飞溅物清除干净，并将焊缝接头过高的部分打磨平整；焊件调头；调整电流为 140～150A，用 φ3.2mm 的焊条；采用直线形或斜圆圈形运条；每焊一道调一次头，直至坡口内的焊缝低于坡口边缘 1～2mm 左右；接头时，在弧坑前 10mm 处引弧，电弧回焊至弧坑处，沿弧坑的形状将弧坑填满，再继续施焊。其排列顺序如图 3-54 所示。

7) 盖面层：清除填充层的熔渣和飞溅物；调整电流为 130～140A，用 φ3.2mm 的焊条；采用直线形运条；用短弧和适当的焊接速度进行焊接，同时焊条角度应根据各焊道的位置来进行调节，如图 3-55 所示。

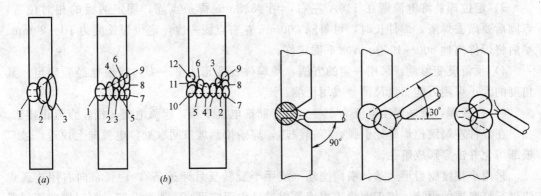

图 3-54　开坡口横焊焊道的排列顺序
(a) 多层焊；(b) 多层多道焊

图 3-55　开坡口多层多道横焊的焊条倾角

盖面层焊缝焊三道，由下至上焊接，每条盖面焊道要依次压住前焊道的 1/2～2/3。上面最后一条焊道施焊时，适当增大焊接速度或减小焊接电流，调整焊条角度，避免液态金属下淌和产生咬边。

8) 焊后清理：用手锤敲去焊缝上的焊渣，用钢丝刷将焊件表面的飞溅物清理干净。

9) 检验：用外观方法检查焊缝质量，若有缺陷，分析原因，不得进行修补，保持原始状态。

4.3.4　钢板的仰焊

仰焊是焊条位于焊件下方，焊工仰视焊件所进行的焊接，如图 3-56 所示。仰视是最难操作的一种焊接位置。

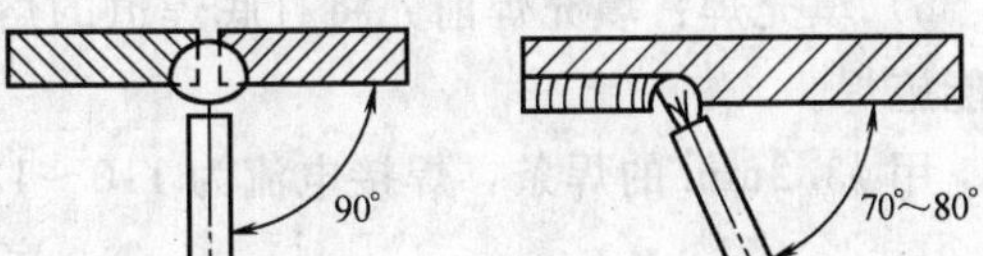

(1) 目的和要求

熟练掌握仰焊操作技能。要求焊缝成

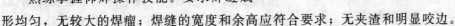

图 3-56　仰焊操作

形均匀，无较大的焊瘤；焊缝的宽度和余高应符合要求；无夹渣和明显咬边。

(2) 内容

开坡口的仰焊操作，单面焊双面成型。

(3) 操作准备

1) 电弧焊机：IGBT 控制直流弧焊机，直流正接法（打底焊）；直流反接法（填充、盖面焊）。

2) 焊条：型号为 E5015，直径 3.2mm。

3) 实习焊件：低碳钢板，每块长 300mm，宽 120mm，厚度 12mm，开 V 形坡口，钝边 2.5～3mm。

(4) 操作步骤及要领

当焊件厚度大于 5mm 时均应开坡口焊接。一般开 V 形坡口，坡口角度比平对接焊时大些，钝边厚度小些（断弧时 1mm 以下，连弧焊时 3mm 左右），间歇却要大些，其目的是便于运条和变换焊条位置，从而可克服仰焊时熔深不足以致焊不透的困难，保证焊缝质量。

1) 焊前清理：用钢刷或砂布清理待焊处附近的铁锈及油污，直至露出金属光泽。

2) 装配：将两板水平放置，对齐，两板间隙成八字形留 3.5～4mm。

3) 定位焊：将电流调在 110A 左右，用 φ3.2mm 焊条点固，固定两板的相对位置，点固后要敲去焊渣。焊件长时，可每隔 200mm 左右点固一次，定位焊长度为 10～20mm。然后将焊件离地 800～1000mm 水平固定好。

4) 预留反变形量：采用一定的方法，使焊件反变形为 3°～4°，或根据经验确定；其角度的大小可用万能角度尺测量或用目测。

5) 打底焊：调好焊接电流为 80～90A，助推电流 5 档，起弧电流 3 档，直流正接法。

在焊件左端定位焊缝处引弧，停顿预热，焊条拉到坡口间歇处，电弧向上顶送，坡口根部熔化并击穿形成熔孔。

采用小幅度锯齿形运条，横向摆动（或手半旋转反月牙运条），短弧，向右用连弧焊法进行打底层的焊接，使正面焊缝成熔透焊道且表面应平直，避免凸起。打底焊背面尽量与焊件平直或向上凸起（不超过 3mm）。

电弧在坡口根部两侧稍作停留，停顿时间比其他焊件焊接位置短些，坡口根部两侧应熔化 0.5～1mm，要保持熔池小而且浅。

收弧时，焊条向焊接反方向的左侧或右侧坡口面回拉 10～15mm，使接头处呈斜面状。焊道接头采用热接法或冷接法，在距弧坑前约 10mm 的坡口面将电弧引燃，电弧移至弧坑前沿时，向焊根背面顶送，稍作停顿，形成熔孔后，电弧再恢复到正常焊接长度，继续施焊。采用冷接法时，将弧坑处打磨成缓坡后施焊。

6) 填充焊：填充焊前先将打底焊道的熔渣、飞溅物清除干净；若有焊瘤，应铲平后才能施焊。

用 φ3.2mm 的焊条，焊接电流为 110～120A，直流反接法。焊条角度、运条方法与打底焊相同。摆动幅度要大些，横向摆动到拐角处稍作停留。

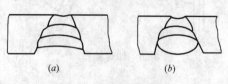

图 3-57 填充焊道的形状
(a) 合格的填充层；(b) 表面凸出太多不合格的填充层

焊第二层填充焊缝的目的是找平，这时电流调在 115A 左右，焊缝中间运条速度要稍快，形成焊缝中部略呈凹形，填充层焊缝厚度应低于母材 1mm 左右，如图 3-57 所示。

填充焊接头时，在弧坑前 10mm 处引弧，电弧回焊至弧坑处，沿弧坑的形状将弧坑填满，再正常施焊。

7) 盖面层：清除填充层的熔渣和飞溅物；焊接电流为 105～115A，盖面层施焊时，焊条角度、运条方法、接头方式均同填充层；坡口两侧应压低电弧并停顿，从一侧摆到另一侧时应稍快些，避免咬边和焊瘤的产生。

8) 焊后清理：用手锤敲去焊缝上的焊渣，用钢丝刷将焊件表面的飞溅物清理干净。

9) 检验：用外观方法检查焊缝质量，若有缺陷，分析原因，不得进行修补，保持原始状态。

4.4 工件的质量评价及质量分析

4.4.1 工件的质量评价

焊条电弧焊的质量要求及评分标准见表3-4。

焊条电弧焊的质量要求及评分标准 表3-4

项次	项目及技术要求	分值	评价标准	评分	备注
1	焊缝的外观质量：焊缝余高0～3mm；焊缝咬边深度≤0.5mm；未焊透深度≤1.5mm；背面凹坑≥2mm	20	焊缝的外形尺寸有一项不符合本考核要求则扣5分，直至扣完		
2	焊后变形：焊件焊后变形的角度≤3°；焊件的错边量≤1.2mm	10	焊件焊后变形的角度＞3°扣6分；错边量＞1.2mm扣4分		
3	焊缝的内部质量：焊件经X射线探伤后，焊缝质量达到GB/T 3323—2005标准中的Ⅲ级	30	Ⅰ级片30分；Ⅱ级片25分；Ⅲ级片18分；Ⅳ级片以下的为不及格		
4	焊缝的抗弯曲性能：将试件冷弯至90°后，其拉伸面上不得有任何一个横向（沿试样宽度方向）裂纹或缺陷，长度＞1.5mm或纵向（沿试样长度方向），裂纹或缺陷的长度＞3mm	20	面弯补样后才合格扣8分；背弯补样后才合格扣12分；两个试样均不合格，此项分扣光		
5	焊缝的表面状态：焊缝表面应是原始状态，不允许有加工或修补状态；焊缝表面不得有裂纹、未熔合、夹渣、气孔、焊瘤等缺陷	10	焊缝表面若有加工或补焊、返修焊等扣除该焊件焊缝外观质量的全部配分；焊缝表面有裂纹、未熔合、夹渣、气孔、焊瘤等缺陷均按不及格论		
6	安全文明生产：按国颁安全生产法规中有关本工种规定或企业自定有关规定考核	5	根据现场记录，违反规定扣1～5分		
7	时限：45min	5	超出考核时限≤5min，扣2分；超出≤10min，扣5分；超出＞10min，按不及格论		
总分	100分	姓名	学号	教师签名：	成绩

4.4.2 质量分析

(1) 操作姿势不正确：各种基本焊接操作姿势不一样，因此注意熟练掌握各种正确姿势。

(2) 焊道的起头夹渣：电流过小或起头处未拉长电弧进行预热。

(3) 电流过大或过小：初学者对电流大小判断不准，应根据前面所述的三要素来判断，即看飞溅、看焊缝成形、看焊条熔化状况。

(4) 焊道宽窄、高度不一：焊条摆动不均匀和快慢掌握不好。

(5) 焊道焊波不均匀，有明显咬边：这是由运条不均匀、电流过大、电弧过长等原因造成的。

(6) 焊缝中有气孔、夹渣、裂纹、焊瘤等缺陷：这是由焊条未烘干、电流过小、焊件受热不均、焊速太慢等原因造成的。

(7) 焊角尺寸大小不均匀、不对称：是由于运条不均匀等造成的。

(8) 焊件焊后变形较大：焊件定位焊后未采取反变形法或者未用工装固定好。

(9) 焊件上有引弧痕迹：未采取引弧板或未在焊接区引弧。

课题 5　气体保护电弧焊

气体保护电弧焊是用外加气体作为电弧介质并保护电弧和焊接区的电弧焊方法，简称气体保护焊。

根据所用的电极材料，气体保护焊可分为不熔化极（钨极）气体保护焊和熔化极气体（CO_2）保护焊；按照焊接保护气体的种类有：氩弧焊、氦弧焊、氮弧焊、氢原子焊、二氧化碳气体保护焊等方法；按操作方式的不同，又分为手工、半自动和自动气体保护焊。

本课题只介绍二氧化碳气体保护焊（CO_2 焊）和手工钨极氩弧焊（TIG 焊），如图 3-58 所示。

5.1　二氧化碳气体保护焊

5.1.1　二氧化碳气体保护焊的基本知识

(1) 概念

二氧化碳气体保护焊是用 CO_2 气体作为保护气体，依靠焊丝与焊件之间产生的电弧来熔化金属的一种气体保护焊方法，简称 CO_2 焊，其焊接过程如图 3-59 所示。

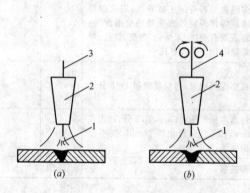

图 3-58　气体保护焊
(a) 不熔化极（钨极）手工气体保护焊；(b) 熔化极（CO_2）气体保护焊
1—电弧；2—喷嘴；3—钨极；4—焊丝

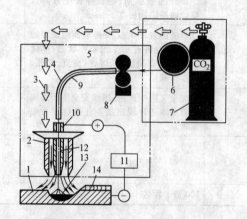

图 3-59　二氧化碳气体保护焊
1—母材；2—喷嘴；3—气体；4—焊丝；5—焊接设备；6—焊丝盘；7—气瓶；8—送丝机构；9—软管；10—焊枪；11—电源；12—导电嘴；13—熔池；14—焊缝

(2) 分类

按照操作方法不同分为 CO_2 气体保护自动焊和 CO_2 气体保护半自动焊。本小节只介绍 CO_2 气体保护半自动焊。

(3) 特点及适用范围

焊接速度快；引弧性能良好；熔深大；熔敷效率高；焊接质量好；可以全方位焊接；焊接范围广；使用简单。

CO_2 气体保护焊广泛用于汽车制造业、船舶制造业、动力机械、金属结构、石油化学工业及冶金工业等。

(4) 熔滴过渡的形式及适用范围

CO_2 焊熔滴过渡主要有两种形式：短路过渡和颗粒状过渡。短路过渡主要用于细丝 CO_2 焊，适用于薄板焊接；颗粒状过渡主要用于大焊丝 CO_2 焊，适用于中、厚板的焊接。

(5) CO_2 焊接设备

CO_2 半自动焊机主要由焊枪、送丝系统、控制装置、焊接电源、供气系统等几个部分构成，如图 3-60 所示。

1) 焊枪：焊枪是用来把送丝机送出的焊丝引导到焊接部，通过导电嘴将电流传给焊丝，同时也将 CO_2 气体引导到焊枪前半部，自喷嘴喷出。鹅颈式焊枪形似鹅颈，应用较广，用于平焊位置较方便，如图 3-61 所示。

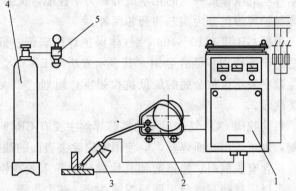

图 3-60 CO_2 半自动焊机的构成

1—电源；2—送丝机；3—焊枪；4—气瓶；5—减压器流量调节器

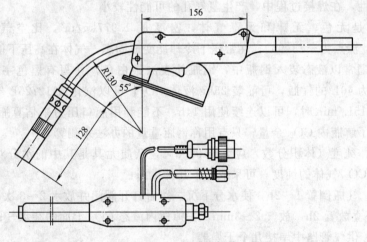

图 3-61 鹅颈式焊枪

2) 送丝机：送丝机是向焊枪输送焊丝的装置，一般多是边移动边焊接，搬运简便。

3) 控制装置：控制装置采用晶体管或晶闸管等极其小型化了的半导体器件控制，一般均安装在焊接电源内部。

4) 焊接电源：使用具有恒压特性的直流焊接电源，其容量各种各样，国产的有适用于薄板的 NBC_1-200 型，用于中板的 NBC_1-300 型，及用于厚板的 NBC_1-500-1 型。

5) 供气系统：供气系统是向焊接区提供流量稳定的保护气体，由气瓶、减压阀、流量计、预热器和干燥器组成。

A. 减压阀：降低气瓶中的高压 CO_2 气体，保证输出压力稳定；

B. 流量计：调节和测量保护气体流量；

C. 预热器：防止瓶口结冰；

D. 干燥器：降低 CO_2 气体中水分的含量。

(6) CO_2 焊接用焊丝

CO_2 气体保护焊时，焊丝一方面作为电极导电产生电弧，另一方面又是填充金属，所以焊丝既应保证一定的化学成分和力学性能，又要保证良好的导电性和工艺性能。CO_2 气体保护焊焊丝分为实芯和药芯两种。

根据 GB/T 8110—1995《气体保护焊用碳钢、低合气钢焊丝》标准中规定，实芯焊丝适用于低碳钢和低合金钢。其表示方法为 ER××-×，字母 ER 表示焊丝，ER 后面的两位数字表示熔敷金属的最低抗拉强度，短划"-"后面的字母或数字表示焊丝化学成分分类代号。

目前我国 CO_2 气体焊用的实芯焊丝主要有 ER49-1。其防锈和导电性良好，表面最好镀铜，也可采用光面焊丝，但使用前应除去表面的油污。

将含有脱氧剂、稳弧剂和其他成分的粉末放在钢带上，经包卷后冷拔而制成药芯焊丝。可以通过药芯成分来调整焊缝性能，减少飞溅，改善焊缝成形。药芯焊丝是目前普遍使用的一种焊丝，其表示方法为 EF-×-×-××-×-×。

(7) CO_2 气体

其用途是进行 CO_2 焊时，有效地保护电弧和金属熔池区免受空气的侵袭。由于 CO_2 气体具有氧化性，在焊接过程中，产生氢气孔的可能性较小。

CO_2 气体是无色、无味和无毒气体，密度是 $1.977kg/m^3$，比空气重（空气为 $1.293kg/m^3$），沸点为 $-78.9℃$，在常压下冷却能变成固态，气体在高压下能变成液态。

CO_2 气体通常以液态装入钢瓶中，钢瓶外表涂银白色，并写有黑色字"二氧化碳"的标志。容量为 40L 的气瓶，可灌装 25kg 液体 CO_2，可以汽化成 12725L 气体，若焊接时气体流量为 15L/min 时，可以连续使用 14h。不能利用瓶口压力来估算瓶内 CO_2 气体的储量，需要了解瓶内 CO_2 余量，只有用称钢瓶重量的办法来测算。

焊接用气体纯度（体积分数）应大于 99.5%，杂质尤其是其中的水分对焊接质量有影响。为确保 CO_2 气体的纯度，可采取如下几种措施：

1) 将 CO_2 气瓶倒置 1~2h，使水分下沉，然后打开阀门并放水 2~3 次；
2) 将瓶正立放置 2h，放气 2~3min，去掉瓶内液态 CO_2 上面的杂水气；
3) 在 CO_2 供气管路中串接几个干燥器；
4) 气瓶中压力降到 1MPa 时，停止用气。

(8) 焊接工艺参数

进行 CO_2 焊时的焊接工艺参数，主要包括焊丝直径、焊接电流、电弧电压、焊接速度、焊丝伸出长度、电流极性、回路电感、气体流量等。

1) 焊丝直径：细焊丝用于焊接薄板。随着板厚的增加，焊丝直径增加。焊丝直径的选择可参考表 3-5 进行。

2) 焊接电流：根据焊丝直径大小与采用何种熔滴形式来确定。不同直径的焊丝焊接电流选择范围见表 3-6。

3) 电弧电压：通常细丝焊接时，电弧电压为 17~24V；粗丝焊接时，电弧电压为 25~36V。采取短路过渡时，电弧电压与焊接电流有一个最佳配合范围，见表 3-7 所示。

不同焊丝直径的适用范围   表 3-5

焊丝直径(mm)	熔滴过渡形式	焊件厚度(mm)	焊缝位置
0.5~0.8	短路过渡 滴状过渡	1.0,CO_2气体2.5 2.5~4	全位置 水平位置
1.0~1.4	短路过渡 滴状过渡	2~8 2~12	全位置 水平位置
1.6	短路过渡	3~12	水平、立、横、仰
≥1.6	滴状过渡	>6	水平

不同直径焊丝焊接电流的选择范围   表 3-6

焊丝直径(mm)	焊接电流(A)	
	滴状过渡(30~45V)	短路过渡(16~22V)
0.8	150~250	60~160
1.2	200~300	100~175
1.6	350~500	100~180
2.4	500~750	150~200

CO_2短路过渡时电弧电压与焊接电流关系   表 3-7

焊接电流(A)	电弧电压(V)	
	平焊	立焊和仰焊
75~120	18~21.5	18~19
130~170	19.5~23	18~21
180~210	20~24	18~22
220~260	21~25	—

4) 焊接速度：应针对焊件材料的性质与厚度来确定。一般半自动焊时，焊接速度在 15~40m/h 的范围内，自动焊时在 15~30m/h 的范围内。

5) 焊丝伸出长度：它是指从导电嘴到焊丝端头的距离，一般约等于焊丝直径的 10 倍，但不超过 15mm。

6) 电流极性：为了减小飞溅，保证焊接电弧的稳定性，CO_2 焊应选用直流反接性连接。

7) 回路电感：应根据焊丝直径、焊接电流大小、电弧电压高低来选择。不同的焊丝直径应选用的电感量列于表 3-8。可通过试焊选择电感值，若焊接过程稳定，飞溅小，说明电感值是合适的。

不同直径的焊丝应选用的电感值   表 3-8

焊丝直径(mm)	0.6	0.8	1.0	1.2	1.6
电感值(mH)	0.01~0.08	0.04~0.15	0.08~0.2	0.1~0.3	0.3~0.6

8) 气体流量：不同的接头形式、其他焊接工艺参数及作业条件对气体流量的选择都有影响。通常，细焊丝焊接时，气体流量为 5~15L/min，而粗焊丝焊时可达 25L/min。

5.1.2 技能训练课题

(1) CO_2 气体保护焊的基本操作

1) 操作准备。

A. 设备和工具：YM-350KR2 晶闸管控制 CO_2/MAG 半自动焊机；CO_2 气瓶（CO_2 气体纯度大于 99.5%）；气体调节器；QD-2 型减压器；空冷焊枪。

B. 焊丝：型号为 H08Mn2SiA，直径 1.2mm。

C. 实习焊件：低碳钢板一块，长 300mm，宽 120mm，厚 12mm。

2) 引弧、焊接、收弧和接头。在 CO_2 气体保护半自动焊过程中,引弧与熄弧比较频繁,操作不当容易产生焊缝缺陷,如引弧处熔深较浅和熄弧凹陷严重等现象。

A. 引弧:引弧时,焊工应首先将焊枪喷嘴与焊件保持正常焊接时的距离,且焊丝端头与焊件表面应保持 2~4mm 的距离,然后按焊枪开关,待送气、供电和送丝后,焊丝将与焊件相碰短路引弧,结果必然同时产生一个反作用力,将焊枪推离焊件。这时如果焊工不能保持住喷嘴到焊件间的距离,容易产生缺陷,如图 3-62 所示。要求焊工在引弧时应握紧焊枪和保持喷嘴距焊件的距离,如图 3-63 所示。

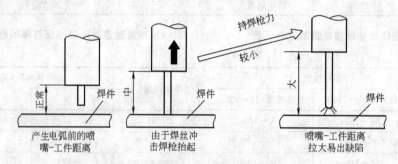

图 3-62 引弧操作不适当的情况

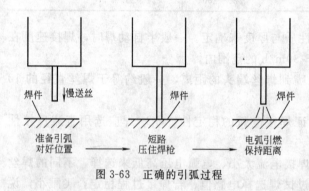

图 3-63 正确的引弧过程

B. 焊接:焊接过程中的关键是保持焊枪合适的倾角和喷嘴高度,沿焊接方向尽可能地均匀移动,当坡口较宽时,为保证两侧熔合好,焊枪还要作横向摆动。

焊工应能够根据焊接过程,判断焊接参数是否合适。像焊条电弧焊一样,焊工主要依靠在焊接过程中看到的熔池的大小和形状、电弧的稳定性、飞溅的大小及焊缝成形的好坏来调整焊接参数。不同熔滴过渡形态的参数及应用见表 3-9。

表 3-9 不同熔滴过渡的焊接参数及应用范围

焊丝直径(mm)	短路过渡		颗粒过渡		喷射过渡	
	焊接电流(A)	电弧电压(V)	焊接电流(A)	电弧电压(V)	焊接电流(A)	电弧电压(V)
0.8	50~130	14~18	110~150	18~22	140~180	23~28
1.0	70~160	16~19	130~200	18~24	180~250	24~30
1.2	120~200	17~20	170~250	19~26	220~320	25~32
1.6	150~200	18~21	200~300	22~28	260~390	26~34
应用范围	薄板、打底焊、仰焊、全位置焊		中板的水平位置,也可用于下向位置中间层焊缝		中、厚板(填充层和角焊缝)的水平位置和船形位置	

C. 收弧:焊接结束前必须收弧,若收弧不当,容易产生弧坑,并出现弧坑裂纹、气孔等缺陷。在收弧处焊枪停止前进,并在熔池未凝固时,反复断弧、引弧 2~4 次,使熔滴填满弧坑为止。这时即使弧坑已填满,电弧已熄灭,也要让焊枪在弧坑处停留几秒钟才

能移开，如图 3-64 所示。因为灭弧后，保证一段时间滞后停气可以保证熔池凝固时能得到可靠的保护，若收弧时抬高焊枪，则容易因保护不良引起缺陷。

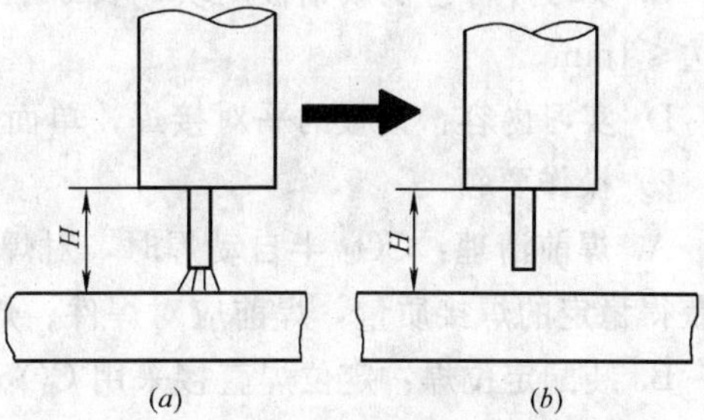

D. 接头：对单面焊双面焊形成的打底焊道接头的处理，是将待焊接头处用角向磨光机打磨成斜面，如图 3-65 所示；在斜面顶部引弧，引燃电弧后，将电弧移至斜面底部，转一圈返回引弧处后再继续向左焊接，如图 3-66 所示。

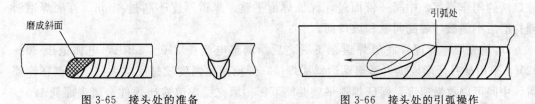

图 3-64 收弧时的正确操作
(a) 焊接时；(b) 收弧时
H 为焊枪喷嘴至焊件距离

3）左焊法与右焊法。CO_2 气体保护焊的基本操作方法，可按焊枪的移动方向分为左焊法与右焊法两种。

图 3-65 接头处的准备　　　　图 3-66 接头处的引弧操作

A. 左焊法：手工 CO_2 气体保护焊时，常用左焊法，即焊枪由右向左，焊接电弧指向未焊部分，如图 3-67 所示。其特点是易观察焊接方向，气体保护效果好，可以清楚地看到焊缝的间歇，不易焊偏熔池。但在电弧力作用下，熔化金属被吹向前方，使电弧不能直接作用到母材上，熔深较浅，焊道平坦且变宽，飞溅较大，观察熔池比较困难。

B. 右焊法：焊枪由左向右，焊接电弧指向已焊部分，如图 3-68 所示。这种焊法，熔池被电弧力吹向后方，因此电弧能直接作用到母材上，熔深较大，焊道变得窄而高，飞溅略小，且看不清焊缝间隙，往往容易焊偏。

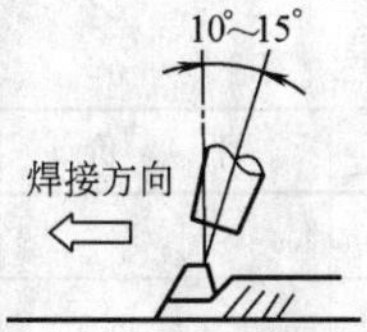

图 3-67 左焊法示意图 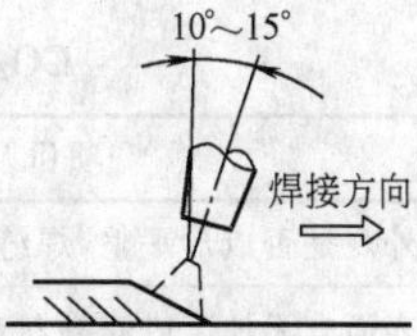　　　　图 3-68 右焊法示意图

（2）钢板开坡口水平对接焊

平焊时是由于焊缝处在水平位置，熔滴主要靠自重过渡，操作技术比较容易掌握，可选用较大直径焊丝和较大焊接电流，生产效率高。但如果焊接参数或操作不当，在单面焊双面成形打底焊时容易造成根部产生焊瘤、烧穿、未焊透等缺陷。

1）操作准备。

A. 设备和工具：YM-350KR2 晶闸管控制 CO_2/MAG 半自动焊机；CO_2 气瓶（CO_2 气体纯度大于 99.5%）；气体调节器；QD-2 型减压器；空冷焊枪。

B. 焊丝和焊条：焊丝 H08Mn2SiA，直径 1.2mm。

C. 实习焊件：低碳钢板两块，长 300mm，宽 120mm，厚 12mm，V 形坡口 60°±5°，钝边≤1mm。

D. 实习内容：钢板的平对接焊，单面焊双面成形。

2) 操作要领。

A. 焊前清理：CO_2 半自动焊时，对焊件与焊丝表面的清洁度要比焊条电弧焊严。为了获得稳定的焊接质量，焊前应对焊件、焊丝表面的油、锈、水等脏物进行仔细清理。

B. 装配定位焊：定位焊直接采用 CO_2 半自动焊进行，定位焊的长度和间距，根据板厚和焊件的结构形式而定。电流调好为 130~160A，气体流量调在 15L/min，将焊件放在平台上，组对好，间歇 2mm，定位 10mm，反变形 3°~4°，无垫板。

C. 打底层：电流调到 80~100A，电弧电压 18~20V，气体流量不变，焊接速度为 14~28m/min。采用左向焊法，焊丝中心线前倾角为 10°~20°。焊枪在离焊道坡口底部约 2~3mm 两侧作小幅度锯齿形横向摆动，并连续施焊，保持熔孔的大小一致。电弧在焊道坡口两侧稍作停留，中间一带而过，保证焊道平整。焊道厚度不超过 4mm。打底焊道清理打磨后不能破坏装配间歇和坡口面。

D. 填充层：清理打底层焊道、飞溅之后，调整电流在 210~230A，电弧电压 20~22V，采用反月牙形或锯齿形摆动运丝法焊接，焊枪摆动幅度较打底层大些，两侧稍作停留，中间可以放慢速度，保证焊道平整并略下凹。填充层焊道应比焊件金属表面低 1.5~2mm，以免坡口边缘熔化，导致盖面焊道产生咬边或焊偏现象。

E. 盖面层：电流调到 190~210A，电弧电压 20V。清理填充层焊道、飞溅，采用反月牙形或锯齿形盖面，焊枪的摆动幅度比填充层要大，电弧在两侧需将棱边熔化掉，以熔池边缘须超过坡口上表面棱边 0.5~1.5mm。尽量保持焊接速度均匀，使焊缝致密匀称，收弧时弧坑要填满。

5.1.3 工件质量评价及质量问题

(1) 工件质量评价

CO_2 气体保护焊的质量要求和评分标准见表 3-10。

CO_2 气体保护焊的质量要求及评分标准　　　　　　　表 3-10

项次	项目及要求	分值	评价	评分	备注
1	焊缝外观是否成形平整，焊缝余高和宽度要符合要求	20			
2	焊缝表面有无加工或修补状态；焊缝纹理要清晰；焊缝不能有裂纹、未熔合、夹渣气孔、焊瘤等缺陷；焊缝咬边深度和背面凹坑符合要求	20			
3	焊后变形的角度要符合要求，焊件的错边量≤1.0mm	10			
4	焊缝经 X 射线探伤后，焊缝质量要达到 GB 3323—2005 中的Ⅲ级	20			
5	焊缝的强度、弯曲性能与母材相比的误差≤15%	15			
6	姿势正确，对焊机操作过程是否熟练，工艺参数选用是否正确	10			
7	安全文明生产	5			
总分	100 分　姓名　　　　　　　　　　学号　　　教师签名　　　　成绩				

(2) 质量问题

1) 操作姿势不正确：调整好正确姿势，熟练掌握左焊法。

2) 焊接部位有气孔：是由于焊件表面不干净；焊枪操作不良；喷嘴与母材间距过大；气体调节器的减压阀冻结，不送气；因飞溅致使喷嘴受堵；焊丝沾有油渍等原因造成的。

3) 焊缝熔深不足：是由于电流电压过低；焊速过快等原因造成的。

4) 电弧不稳：是由于导电嘴直径过大；导电嘴磨损严重；焊丝缠在一起；送丝不良；加压轮松动；长送丝管阻力大等原因造成的。

5) 咬边：是由于电压过高；焊速过快等原因造成的。

6) 焊瘤：是由于电压过低；焊丝直径与电流范围不准确；焊速慢；焊枪操作及角度不好等原因造成的。

7) 裂纹：是由于熔深过深；母材的碳含量高；电流过高等原因造成的。

8) 焊枪（喷嘴）过热：是由于冷却水水压不足；电流过大（过载）等原因造成的。

9) 焊件焊后变形较大：焊件定位焊后未采取反变形法。

5.2 手工钨极氩弧焊

5.2.1 手工钨极氩弧焊的基本知识

(1) 概念

手工钨极氩弧焊，是使用纯钨或活性钨作为电极，利用从喷嘴流出的氩气在电弧及焊接熔池周围形成连续封闭的气流，保护钨极、焊丝和焊接熔池不被氧化的一种手工操作的气体保护电弧焊。

(2) 分类

按照电极的不同，可分为熔化极氩弧焊和非熔化极氩弧焊（即钨极氩弧焊）。钨极氩弧焊按其操作方式的不同，又分为手工钨极氩弧焊和自动钨极氩弧焊，如图 3-69 所示。本小节只介绍手工钨极氩弧焊。

(3) 特点及适用范围

钨极氩弧焊具有以下特点：焊缝质量高；采用非熔化电极，焊机免去了焊丝送进系统；电弧热量集中，电流密度大，热影响区小，焊件变形小；明弧操作，便于对电弧、熔池观察；不需要涂料和焊剂，焊后不需清渣等辅助工序，提高了生产效率。钨极氩弧焊适用范围广。可以焊黑色金属、不锈钢、高温镍基合金，也可

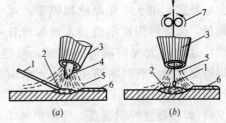

图 3-69 氩弧焊示意图
(a) 钨极氩弧焊；(b) 熔化极氩弧焊
1—焊丝；2—熔池；3—喷嘴；4—钨极；
5—氩气；6—焊缝；7—送丝滚轮

以焊有色金属及活性金属；可焊 0.5mm 的薄板，也可焊接中等厚度的焊件；可进行全位置焊接。

(4) 手工钨极氩弧焊的设备

钨极氩弧焊设备由焊接电源、引弧及稳弧装置、焊炬、供气系统、水冷系统和焊接程序控制装置等部分组成，如图 3-70 所示。

1) 焊接电源：钨极氩弧焊要求采用具有陡降或恒流外特性的电源，以减小或排除因

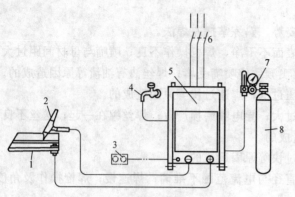

图 3-70 手工钨极氩弧焊设备
1—焊件；2—焊枪；3—遥控器；4—冷却水；5—电源与控制系统；6—电源开关；7—流量调节器；8—气瓶

弧长变化而引起的电流波动。钨极气体保护焊使用的电流种类可分为直流正接、直流反接及交流三种。

2）引弧及稳弧装置：钨极氩弧焊焊接（TIG焊接）开始时，可采用下列方法引燃电弧，即依靠钨极和引弧板或碳块接触的短路引弧；利用高频振荡器产生的高频高压击穿钨极与工件之间的间隙（3mm左右）而引燃电弧的高频引弧；在钨极与工件之间加一高压脉冲，使两极间气体介质电离而引弧的高压脉冲引弧。

3）焊枪：焊枪的作用是夹持钨极，传导焊接电流和输送保护气。它应满足保护气流具有良好的流动状态和一定的挺度，以获得可靠的保护；有良好的导电性能；充分的冷却，以保证持久工作；喷嘴与钨极间绝缘良好；重量轻，结构紧凑，可靠性好，装拆维修方便等。焊枪示意如图 3-71 所示。

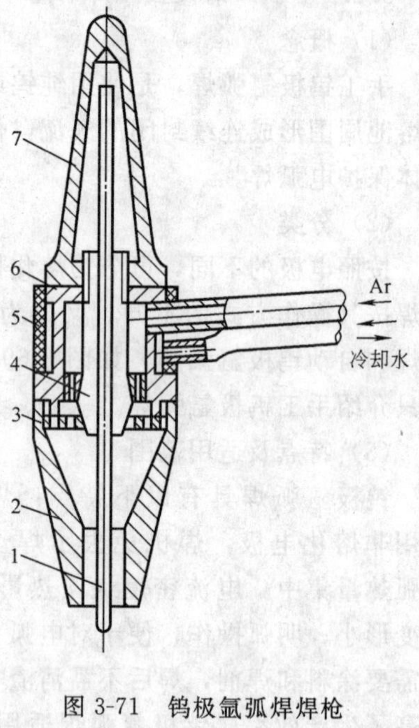

4）供气系统：由高压气瓶、减压阀、浮子流量计和电磁气阀组成。减压阀将高压气瓶中的气体压力降至焊接所要求的压力，流量计用来调节和测量气体的流量，电磁阀以电信号控制气流的通断。有时将流量计和减压阀做成一体，成为组合式。

5）水冷系统：采用电流大于 110A 的焊枪，一般为水冷式，用水冷却焊枪和钨极。对于手工水冷式焊枪，通常将焊接电缆装入通水软管中做成水冷电缆，这样可大大提高电流密度，减轻电缆重量，使焊枪更轻便。有时水路中还接入水压开关，以保证冷却水接通并有一定压力后才能启动焊机。

6）焊接程序控制装置：焊前提前 1.5～4s 输送保护气体，以驱赶管内空气；焊后延迟 5～15s 停气，以保护尚未冷却的钨极和熔池；自动接通和切断引弧和稳弧电路；控制电源的通断；焊接结束前电流自动衰减等。

图 3-71 钨极氩弧焊焊枪
1—钨极；2—喷嘴；3—铜丝网；4—钨极夹头；5—冷却水套；6—焊枪体；7—帽罩

（5）电极

钨极主要起传导电流、引燃电弧和维持电弧正常燃烧的作用。目前钨极氩弧焊使用的电极材料，主要有纯钨、钍钨和铈钨三种。

（6）氩气

钨极氩弧焊保护气体主要是氩气，特殊情况下也有采用氦气、氩-氦混合气体和氦-氢混合气体。氩气是无色、无味的气体，氩在空气中的含量按容积计，占 0.935%，故是一种稀有气体。氩气是制氧过程中得到的副产品。

焊接用工业纯氩以瓶装供应，氩气瓶构造和氧气瓶相同，外表涂灰色，并用绿漆标以"氩气"字样。氩气瓶最大压力为15MPa，容积一般为40L。

(7) 焊接工艺参数

钨极氩弧焊的工艺参数主要有焊接电流种类、焊接电流、钨极直径及端部形状、保护气体流量等，对于自动焊还包括焊接速度和送丝速度。

1) 焊接电流种类：一般根据工件材料选择电流种类，焊接电流大小是决定焊缝熔深的最主要参数，它主要根据工件材料、厚度、接头形式、焊接位置，有时还考虑焊工技术水平（手工焊时）等因素选择。

2) 焊接电流：当钨极直径选定后，再选择适用的焊接电流。过大或过小的焊接电流都会使焊缝成形不良或产生焊接缺陷。

3) 钨极直径及端部形状：钨极直径的选择要根据焊件厚度和焊接电流的大小来决定。钨极端部形状是一个重要工艺参数，根据所用焊接电流种类，选用不同的端部形状。钨极端部形状如图3-72所示。

4) 保护气体流量：主要根据钨极直径及喷嘴直径来选择氩气流量。

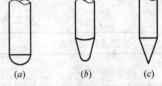

图 3-72 钨极端部磨制形状
(a) 圆珠形；(b) 平底锥形；
(c) 尖锥形

在一定条件下，气体流量和喷嘴直径有一个最佳范围，此时，气体保护效果最佳，有效保护区最大。一般手工氩弧焊喷嘴内径范围为5～20mm，流量范围为5～25L/min。

5) 焊接速度：焊接速度的选择主要根据工件厚度来决定并和焊接电流、预热温度等配合以保证获得所需的熔深和熔宽。

6) 喷嘴与工件的距离：距离越大，气体保护效果越差，但距离太近会影响焊工视线，且容易使钨极与熔池接触，产生夹钨。一般喷嘴端部与工件的距离在8～14mm之间。

7) 钨极伸出长度：钨极伸出长度增加，喷嘴距焊件的高度就要相应加大，喷嘴距焊件越远，氩气越容易受空气流的影响而发生摆动；钨极伸出长度太小，焊工不便于观察焊缝成形及送丝情况。一般钨极伸出长度为3～4mm比较合适。

5.2.2 技能训练课题

(1) 手工钨极氩弧焊的基本操作

手工钨极氩弧焊是一种需要用焊工双手同时操作的焊接方法，这一点有别于焊条电弧焊。操作中，焊工双手要互相协调配合，才能焊出质量符合要求的优质焊缝，从这方面说，它的操作难度比焊条电弧焊大。基本操作技术主要包括引弧、焊枪摆动、填丝、收弧和焊道接头等。

1) 引弧。手工钨极氩弧焊的引弧方法有两种：一种是借助引弧器的非接触引弧；另一种是短路的接触引弧。

非接触引弧就是利用高频振荡器产生的高频高压击穿钨极与试件之间的间隙（约3mm左右）而引燃电弧，或在钨极与试件之间加一高压脉冲，使氩气电离而引燃电弧。

采用短路的接触引弧，不应在焊件上直接引弧，以免打伤金属基体或产生夹钨，有时钨极端部还会粘住基体金属。为此，在引弧点近旁放一块紫铜板或石墨板，先在其上引弧,使钨极端头加热至一定温度后,立即转到焊件上引弧。这种方法的优点是,焊接设备简单。但是,在钨极与紫铜板接触过程中产生很大的短路电流,使钨极容易烧损。

生产中,手工钨极氩弧焊通常采用引弧器进行引弧。在使用具有引弧器装置的氩弧焊设备时,先在钨极与焊件之间保持一定距离,然后接通引弧器,在高频电流或高压脉冲电流的作用下,使氩气电离而引燃电弧。这种方法的优点是能在焊接位置直接引弧,钨极端头的完整性好,钨极损耗小及引弧端头焊接质量高。

2) 焊枪摆动方式。手工钨极氩弧焊的焊枪运动的基本动作包括沿焊枪钨极轴线的送进、沿焊缝轴线方向纵向移动和横向摆动。尽管基本动作只有三种,但焊枪摆动的方法很多,在选用时,应根据材质牌号、接头形式、装配间隙、钝边、焊接位置、焊丝直径、焊接参数和焊工操作习惯等因素而定。手工钨极氩弧焊基本的焊枪摆动方式及适用范围见表3-11。

手工钨极氩弧焊基本的焊枪摆动方式及适用范围　　　　表 3-11

焊枪摆动方式	摆动方式的示意图	适 用 范 围
直线形		I形坡口对接焊 多层多道焊的打底焊
锯齿形	∧∧∧∧∧∧	对接接头全位置焊 角接接头的立、横和仰焊
月牙形	⌒⌒⌒⌒⌒	
圆圈形	⊙⊙⊙⊙	厚件对接平焊

3) 填丝。手工钨极氩弧焊是一种不熔化电极的焊接方法,即钨极在焊接过程中不熔化,填充金属依靠不带电的焊丝来补充,两者互不干扰。因此焊接时可以根据具体情况添加填充焊丝或不添加焊丝,这对于控制熔透程度、掌握熔池大小、防止烧穿等带来很大的方便,所以也容易实现全位置焊接。下面主要介绍焊接时添加填充焊丝的基本操作技术。

A. 填丝的基本操作技术。

连续填丝:这种填丝操作技术焊接质量较好,对保护层的扰动小,但比较难掌握。连续填丝时,要求焊丝比较平直,焊接时,左手小指和无名指夹住焊丝的控制方向,大拇指和食指有节奏地将焊丝送入熔池区,如图 3-73 所示。连续填丝时手臂动作不大;待焊丝快用完时才前移。当填丝量较大,并采用大参数时多采用此法。

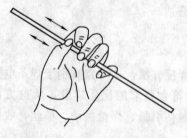

图 3-73　连续填丝的操作技术

断续填丝(又叫点动送丝):左手大拇指、食指和中指捏紧焊丝,小指和无名指夹住焊丝控制方向,焊丝末端应始终处于氩气保护区,以免被空气氧化。焊丝动作要轻,不得扰动氩气保护层,禁止跳动,以防止空气侵入。更不能像气焊那样在熔池中搅拌,而是靠手臂和手腕的上下往复动作将焊丝端部的熔滴送入熔池,全位置焊时多用此法。

特殊填丝法:焊丝贴紧坡口与钝边一起熔入(即将焊丝弯成弧形,紧贴在坡口间隙处,焊接电弧熔化坡口与钝边的同时也熔化了焊丝)。这时要求根部间隙小于焊丝直径。此法可避免焊丝遮住焊工视线,适用于因难位置的焊接。

B. 填丝的要点。

熔透：打底焊时，必须等坡口两侧熔化后才填丝，以免造成熔合不良；当焊至打磨过的弧坑处时，应稍加焊丝使接头平整，待出现熔孔后再正常填加焊丝，注意使接头处熔池贯穿根部，保证接头处熔透。

角度：填丝时，焊丝应与试件表面水平夹角成 15°～20°左右；敏捷地从熔池前沿点进，随后撤回，如此反复动作。

速度：填丝要均匀，快慢适当。过快，焊缝熔敷金属加厚；过慢，易产生下凹或咬边；焊丝端部始终处于氩气的保护内。

摆动：根部间歇大于焊丝直径时，焊丝应跟随电弧同步作横向摆动。无论采用哪种填丝动作，送丝速度均应与焊接速度相适应。

位置：填充焊丝时，不应把焊丝直接置于电弧下面，把焊丝抬得过高也是不适宜的，不应让熔滴向熔池"滴渡"。填丝位置的正确与否如图 3-74 所示。

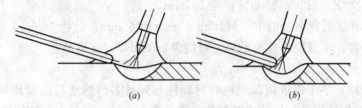

图 3-74 填丝位置的示意图
(a) 正确；(b) 不正确

打磨：操作过程中，如不慎使钨棒与焊丝相碰，发生瞬间短路，将产生很大的飞溅烟雾，会造成焊缝污染和夹钨。这时应立即停止焊接，用砂轮磨掉被污染处，直至磨出金属光泽。被污染的钨棒应在别处重新引弧熔化掉污染的端部或重新磨尖后，方可继续焊接。

氧化：撤回焊丝时，切记不要让焊丝端头撤出氩气的保护区，以免焊丝端头被氧化，在下次点进时，被氧化端头进入熔池，造成氧化物夹渣或产生气孔。

4) 收弧。焊接结束时，由于收弧的方法不正确，在收弧板处容易发生弧坑和弧坑裂纹、气孔及烧穿等缺陷。因此在焊接直焊缝时，采用引出板，焊后将引出板切除。在没有熄弧板或没有电流自动衰减装置的氩弧焊机的情况下，收弧时，不要突然拉断电弧，要往熔池里多加填充金属，填满弧坑，然后缓慢提起电弧。若还存在弧坑缺陷时，可重复收弧动作。收弧一般有四种方法：增加焊接速度法、焊缝增高法、应用熄弧板法和焊接电流衰减法。

5) 焊道接头。在焊接过程中，由于某种原因，一条焊道没有焊完，中途停止叫做熄弧。再引燃电弧继续焊接，就出现了焊道接头。

无论焊接打底层焊道或填充层焊道，控制接头的质量很重要，因为接头是两段焊缝交接的地方；由于温度的差别和填充金属量的变化，该处易出现未焊透、夹渣、气孔和成形不良等缺陷，所以焊接过程中应尽量避免停弧，减少接头次数。但是在实际操作时，需要更换焊丝、更换钨极、改变焊接位置，或要求对称分段焊时，必须停弧，因此，接头是不可避免的。问题是应尽可能地设法控制接头质量。

接头要采取正确的方法，收弧时要加快焊接速度，收弧的焊道长度约 10～15mm；焊枪在停弧的地方重新引燃电弧，待熔池基本形成后，再向后压 1～2 个波纹；接头起点不加或稍加焊丝，即可转入正常焊接。

(2) 钢管固定对接焊

将钢管对接焊件在空间水平位置进行固定，焊接时管子不动，焊工沿着坡口自下而上进行焊接。由于在焊接过程中每一点的位置均不同，为表示清楚起见，常用时钟的钟点符号来表示该点的焊接位置。小管径水平固定对接焊同时包括平焊、立焊和仰焊三种位置，它是属于操作技术难度较大的一个项目。利用手工钨极氩弧焊进行全位置焊具有电弧稳定、质量优异、可控制性好、便于操作的特点，在低碳钢、低合金高强度钢、耐热钢和不锈钢管对接焊中已得到了广泛应用。

1) 操作准备。

A. 设备和工具：IGBT控制直流脉冲钨极氩弧焊机 YE-315TX1HGE；氩气（纯度大于99.99%）；气体调节器；QD-1型减压器；空冷焊枪；铈钨极（直径2.5mm）。

B. 焊丝：型号为 H0Cr19Ni9，直径2.5mm。

C. 实习焊件：低碳钢管两节 $\phi 42mm \times 5mm \times 100mm$，钝边1mm。

D. 实习内容：小管径焊件水平固定对接焊，单面焊双面成形。

2) 操作要领。

A. 焊前清理：手工钨极氩弧焊时，对焊件与焊丝表面的清洁度要比焊条电弧焊严。为了获得稳定的焊接质量，焊前应对焊件、焊丝表面的油、锈、水等脏物进行仔细清理。

B. 装配定位焊：将电流调到80~90A，电弧电压为12~14V，气体流量为6~10L/min。两管件预留2.5mm的间隙，并点固一点在时钟12点处。

C. 打底焊：小管径焊件水平固定对接焊采用内充氩、两层两道焊法，如图3-75所示。

电流、电压和气体流量不变。将管件点固处的对面，即时钟6点处的间歇调整到2mm，并将其置于水平位置的下方，固定好，且管件最下端离地面的距离为800~850mm，以适合操作。焊接分为左、右两个半周进行，首先焊接右半周，焊接方向由下而上施焊，从仰焊位置起焊，在平焊位置收弧。

焊接打底层要控制钨极、喷嘴与焊缝的位置，即钨极应垂直钢管的轴线，喷嘴至两管的距离要相等，如图3-76所示。

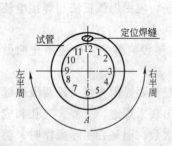

图3-75 焊件焊接位置示意图

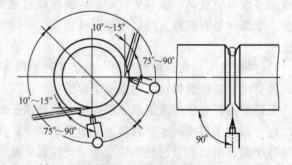

图3-76 打底焊时焊枪角度和焊丝相对位置

引弧点在仰焊部位6点钟位置处，起焊时，在钨极端部逐渐接近母材约2mm时，按下焊枪上的电源开关，利用高频高压装置引燃电弧。引燃电弧后，控制弧长为2~3mm，焊枪暂留在引弧处不动，待坡口根部两侧加热2~3s并获得一定的明亮、清晰的熔池后，才可往熔池填送焊丝焊接。

焊接时,用左手送进焊丝,焊丝与通过熔池的切线成15°送入熔池前方,焊丝沿坡口的上方送到熔池后,要轻轻地将焊丝向熔池里推一下,并向管内摆动,使熔化金属送至坡口根部,以便得到能熔透坡口正反面的焊缝,从而提高焊缝背面高度,避免凹坑和未焊透。

当焊至平焊12点定位焊缝斜坡处时,应减少填充金属量,使焊缝与接头圆滑过渡,焊至定位焊缝,不填送焊丝,自熔摆动通过,焊至定位焊缝另一斜坡处时也应减少填充金属量使焊缝扁平,以便后半圈接头平缓。

右半圈通过12点位置焊至11点位置处收弧。收弧时,应连续送进2~3滴填充金属,以免出现缩孔,并且将焊丝抽离电弧区,但不要脱离保护区,然后切断控制开关,这时焊接电流逐渐衰减,熔池也相应减小,电弧熄灭并延时切断氩气之后,焊枪才能移开。然后用角向砂轮将收弧处的焊缝金属磨掉一些并呈斜坡状,以消除仍然可能存在的缩孔。

焊接过程中,采用较小的热输入,快速小摆动,严格控制层温不大于60℃,焊后焊缝表面呈银白色。

焊完右半圈一侧后,转到另一侧位置,焊接左半圈。引弧点应在时钟5点位置处,以保证焊缝重叠。焊接方式同右半圈,按顺时针方向通过11点焊至12点位置处收弧,焊接结束时,应与右半圈焊缝重叠4~5mm。打底焊道的熔敷厚度约为2.5mm。

D. 盖面焊:将电流调到90~100A,电弧电压为12~16V,气体流量不变。焊枪摆动到两侧棱边处稍做停顿,将填充焊丝和棱边熔化,控制每侧增宽0.5~1.5mm。

焊接过程中,焊枪横向摆动幅度较大,焊接速度稍快,需保证熔池两侧与管子棱边熔合好。焊接接头要采取正确的方法,其他操作要求与打底焊相同。

5.2.3 工件质量评价及质量问题

(1) 工件质量评价

手工钨极氩弧焊的质量要求及评分标准见表3-12。

手工钨极氩弧焊的质量要求及评分标准　　　　　表3-12

项次	项目及要求	分值	评价	评分	备注
1	操作前的准备工作要完好	10			
2	焊缝外观质量要成形,焊缝余高0~4mm,焊缝宽度比坡口每侧增宽0.5~2.5mm	20			
3	焊后变形的角度要符合要求,焊件的错边量≤1.2mm	15			
4	焊缝经X射线探伤后,焊缝质量要达到GB/T 3323—2005中的Ⅲ级	25			
5	焊缝表面应无加工或修补状态;焊缝纹理要清晰;焊缝不能有裂纹、未熔合、夹渣、气孔、焊瘤等缺陷;焊缝咬边深度和背面要焊透	15			
6	安全文明生产	10			
7	时限60min	5			
总分	100分　姓名　　　　　　　　　　学号　　　　　教师签名:　　　　成绩				

(2) 质量问题

1) 操作姿势不正确：调整好正确姿势，熟练掌握右焊法和左焊法。
2) 焊件上有电弧打伤痕迹：引弧时不要在焊件上引弧，而应该在焊缝处引弧。
3) 焊缝熔深不足：是由于电流电压过低，或者焊速过快等原因。
4) 电弧不稳：导电嘴直径过大，导电嘴磨损严重，焊丝缠在一起，送丝不良，加压轮松动，长送丝管阻力大等都有可能造成电弧不稳。
5) 咬边：是由于电压过高，或者焊速过快等原因造成的。
6) 焊瘤：是由于电压过低、焊丝直径与电流范围不准确、焊速慢、焊枪操作及角度不好等原因造成的。
7) 裂纹：是由于熔深过深、母材的碳含量高、电流过高等原因造成的。
8) 焊枪（喷嘴）过热：是由于冷却水水压不足，或者电流过大（过载）等原因造成的。
9) 焊件焊后变形较大：焊件定位焊后未采取反变形法或者未校正。
10) 未焊透：焊接时未形成熔孔，熔池未下沉。

课题6 其他焊接方法

6.1 埋弧焊

埋弧焊是利用焊丝与焊件之间在焊剂层下燃烧的电弧产生热量，熔化焊丝、焊剂和母材金属而形成焊缝，以达到连接被焊工件的目的。在埋弧焊中，颗粒状焊剂对电弧和焊剂区起保护和合金化作用，而焊丝则用作填充金属。

图 3-77 所示，焊接时电源的两极分别接在焊丝和工件上，让焊丝接触工件，并在焊丝周围撒上焊剂。启动电源后，电流通过焊丝与工件构成回路，反抽焊丝则可在焊丝和工件之间引燃电弧。引弧后用电弧热熔化焊丝、工件和焊剂形成熔池和熔渣，不断送进、移动焊丝，并在电弧前撒上焊剂，随着焊剂的行走，熔化金属在电弧离开后冷凝成焊缝，并在焊缝表面形成渣壳。

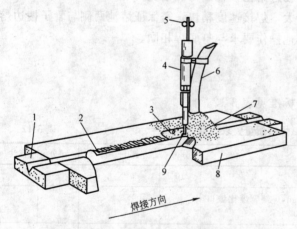

图 3-77 埋弧焊的焊接过程
1—引出板；2—焊缝；3—焊渣；4—导电嘴；5—送丝轮；
6—焊剂软管；7—焊剂；8—焊件；9—焊丝

埋弧焊的生产效率高、焊接变形小、焊缝质量好，节省焊接材料和电能，劳动条件好；只能在水平或倾斜度不大的位置施焊；焊接设备比较复杂，机动灵活性差，仅适用于长焊缝的焊接。

6.2 火焰钎焊

钎焊与熔焊不同，它是采用液相线温度比母材固相线温度低的金属材料作钎料，将零件和钎料加热到钎料熔化，利用液态钎料润湿母材、填充接头间隙并与母材相互熔解和扩散，随后，液态钎料结晶凝固，从而实现零件的连接。

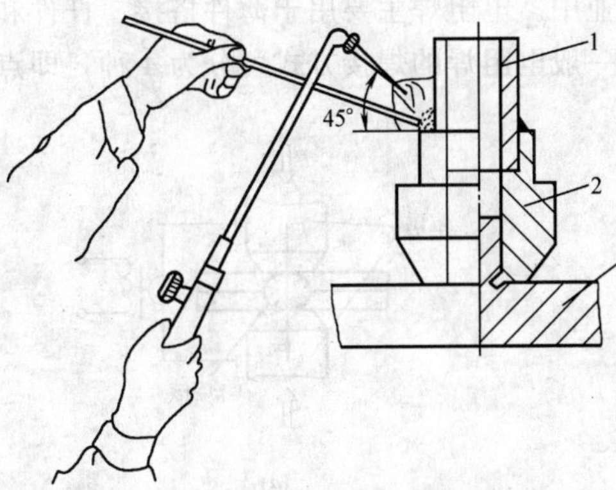

火焰钎焊是使用可燃气体与氧气（或压缩空气）混合燃烧的火焰作为热源的一种钎焊方法，如图 3-78 所示。火焰钎焊通常用氧-乙炔或空气-汽油等气体的混合物燃烧时形成的火焰来加热金属。也可用喷灯（汽油、煤油或酒精作燃料）来加热。

图 3-78 火焰钎焊管接头示意图
1—导管；2—套嘴；3—支承块

火焰钎焊的设备简单、操作方便，但是这种方法的生产率低、操作技术要求高，适于碳素钢、铸铁、铜及其合金等材料的钎焊。

6.3 电 渣 焊

电渣焊是指利用电流通过液体熔渣时所产生的电阻热使电极（焊丝或板极）和焊件熔化而形成焊缝的。根据所使用电极形状的不同，电渣焊可分为丝极、板极和熔嘴电渣焊等。电渣焊具有一些独特的优越性，能有效地解决大型铸锻件的焊接问题，尤其适用于大厚度焊件的焊接。

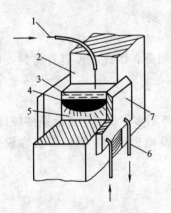

图 3-79 电渣焊原理图
1—电极（焊丝）；2—焊件；3—渣池；4—金属熔池；5—焊缝；6—冷却水管；7—冷却滑块

电渣焊过程如图 3-79 所示，其原理是把电源的一端接在电极上，另一端接在焊件上，电流经过电极、渣池和焊件。由于渣池中的液态熔渣电阻较大，通过电流时就产生大量的电阻热将渣池加热到很高的温度，高温的渣池把热量传递给电极与焊件，使电极和焊件与渣池接触的部分熔化，熔化的液态金属沉到下部形成金属熔池，而熔渣始终浮于金属熔池的上部。在整个焊接过程中，焊缝处于垂直位置，焊丝不断地被送进，渣池和熔池不断升高，而熔池金属的底部温度则逐渐降低，并在冷却成形滑块的作用下，强迫凝固形成焊缝。为保证电渣过程的稳定，在焊接过程中，焊丝在渣池内与熔池金属表面保持一定距离而不产生电弧。

电渣焊具有焊接大厚度焊件、经济效益好、焊缝缺陷少和以焊代铸、代锻及焊接接头晶粒粗大等特点。

6.4 电 阻 焊

电阻焊就是焊件组合后，通过电极施加压力，利用电流通过接头的接触面及邻近区域产生的电阻热进行焊接的方法。由于它具有很多优点，如生产率高、易于实现机械化和自动化。因此被广泛应用于各工业部门，尤其是在汽车、拖拉机、飞机以及电真空器件制造等工业中。电阻焊主要用于薄件搭接、杆件和管件的对接等。

一般电阻焊的焊接方式可分为4种，即点焊、缝焊、凸焊和对焊，如图3-80所示。

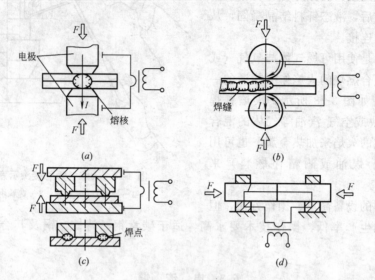

图 3-80 主要电阻焊方法
(a) 点焊；(b) 缝焊；(c) 凸焊；(d) 对焊

电阻焊与电弧焊、气焊等其他焊接方法比较，有如下一些特点：

1) 电阻焊在接合处加热的时间相当短，焊接速度快。
2) 除消耗电能外，不需要消耗焊条、氧气、乙炔、焊剂等，因此，可节省材料，成本较低。
3) 操作简单，易于实现机械化、自动化。
4) 与电弧焊等比较，电阻焊所产生的烟尘、有害气体等不多，焊工的劳动条件较好。
5) 由于焊接在短时间内完成，需要用大的焊接电流、高电极压力，因此焊机容量要大，其价格比一般焊机贵。
6) 电阻焊操作时，不如焊条电弧焊或气焊等灵活。

6.5 等离子弧切割与焊接

等离子弧切割与焊接是利用等离子弧的热量来实现切割和焊接的方法，这种工艺方法不仅能切割和焊接常用的材料，而且还能切割或焊接一般工艺方法所难于加工的材料，等离子尚可用于多种工艺，如等离子喷涂、微束等离子弧焊等，因而它在焊接领域中是一门较有发展前途的先进工艺。

一般的焊接电弧称为自由电弧，其电弧区内的气体是未被充分电离的。同时，由于在提高电弧的电流和电压时，弧柱直径也成正比地增加，则电流密度近乎等于常数，因而电弧的温度也无法提高。如果对电弧进行强迫"压缩"，使之获得导电截面收缩得比较小，能量更加集中，即能成为等离子弧。这种强迫压缩的作用通称"压缩效应"。使弧柱产生"压缩效应"，有如下三种形式：机械压缩效应、热收缩效应、磁收缩效应，如图3-81所示。

等离子弧具有能量高度集中、极大的温度梯度、很强的吹力、呈中性等特点。由于等离子弧的这些特点，可用来焊接或切割一些难熔的金属或非金属。

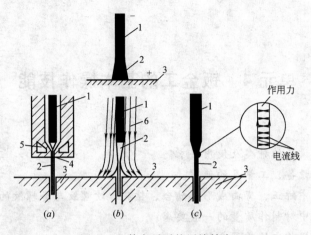

图 3-81　等离子弧的压缩效应
(a) 机械压缩效应；(b) 热收缩效应；(c) 磁收缩效应
1—钨极；2—电弧；3—焊件；4—喷嘴；5—冷却水；6—冷却气流

思 考 题

1. 什么是焊接？可以将焊接分为哪几类？
2. 常用的电气焊设备和工具有哪些？
3. 焊接材料有哪些？焊条由哪几部分组成？有什么作用？
4. 金属进行气割的必备条件是什么？
5. 气割、气焊的工艺参数是什么？
6. 简要说明气割的基本操作方法。
7. 焊接电流的大小根据什么来判断？
8. 在焊条电弧焊操作中，应如何引弧、运条、焊缝的起头、焊缝的连接和焊缝的收尾？
9. 焊条电弧焊的安全特点有哪些？
10. 简要说明 V 形坡口对接平焊操作技术。
11. 埋弧焊的工作原理是什么？
12. 什么是气体保护焊？简述氩弧焊和 CO_2 气体保护焊的工作原理。
13. 什么是钎焊？钎焊的工艺参数包括哪些？

单元 4 钣金工的基本操作技能

知识点：
1. 钣金工常用设备的种类及使用要求。
2. 钣金工常用设备、工量具的使用。
3. 钣金工技能中矫正、弯曲成形、啮合、钻孔、攻螺纹与套螺纹的基本操作方法。
4. 钣金工操作中对制作质量的一般要求。
5. 常用钣金工操作中的质量分析。

教学目标：
1. 通过本课题的学习了解钣金操作在建筑施工中的重要作用。
2. 能熟练掌握钣金工各种常用设备、工量具的使用方法，及在操作中需注意的安全规范。
3. 熟悉并掌握矫正、弯曲成形、啮合、钻孔、铆接和螺纹连接等操作技能。
4. 能独立根据图纸或技术要求进行钣金加工，具有较强的实践操作能力。

课题 1 钣金工的基础知识

1.1 钣金工的工作任务、范围及作用

钣金作业广泛应用于各种各样的金属结构制作过程，其中主要包括：金属材料变形的矫正、金属材料的弯曲成形、金属材料的啮合及钢材的铆接和螺纹连接等。

1.1.1 矫正
金属材料在加工、运输等过程中，都有可能发生各种变形，而修正这种变形的过程称为矫正。

1.1.2 弯曲
根据工艺要求，将金属材料弯制成一定角度或一定形状的工艺方法称为弯曲。

1.1.3 啮合
把两块板料的边缘按一定形状折弯扣合并压紧的操作方法称为啮合。

1.1.4 铆接和螺纹连接
铆接是用铆钉将两个或数个工件连接在一起的操作方法。
螺纹连接则是一种可拆的固定连接，在生产实践中应用尤为广泛。

1.2 钣金工常用的设备及工量具

钣金工所使用的工具及设备很多，主要可分为锤、划线工具和量具、切削工具、扳钳工具、风动工具、电动工具及焊接工具和各种机加工设备等。

1.2.1 锤子

锤子（榔头）的锤头通常有圆头、直头和横头等多种形式，如图4-1所示，其中圆头用得最多，锤头常用碳素工具钢制成。常用的锤头质量有0.25、0.5、0.75和1kg等几种。钢锤用于錾削、小件成形、矫正和铆接。锤击薄钢板、有色金属板材或表面精度要求较高的工件时，为防止产生锤痕，可用铜锤、铝锤、木锤或橡胶锤等。

1.2.2 大锤

大锤锤头有平头、直头和横头3种。大锤质量有3、4、5、6、8kg等几种。大锤用于较大型钢和较厚钢板的弯曲和矫正。大锤锤柄一般用白蜡木制作，长度约1000～1300mm。

1.2.3 型锤

型锤是平锤、型锤和摔锤等统称，如图4-2所示。

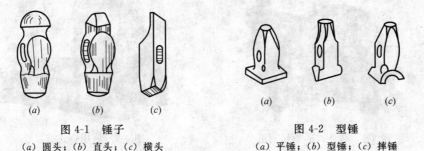

图4-1 锤子
(a) 圆头；(b) 直头；(c) 横头

图4-2 型锤
(a) 平锤；(b) 型锤；(c) 摔锤

1.2.4 常用划线工具和量具

常用划线工具和量具有划针、粉线、样冲、划规、角尺、钢卷尺、钢直尺等。

1.2.5 常用切削工具

常用切削工具有錾子、锉刀、锯子、麻花钻头、螺纹锥、圆板牙、螺纹锥铰杠、圆板牙铰杠等。

1.2.6 常用扳钳工具

常用扳钳工具有呆扳手、活扳手、管子钳、台虎钳等。

1.2.7 常用风动工具

常用风动工具有风剪、风动砂轮、风钻、风动扳手等。

1.2.8 常用电动工具

常用电动工具有电剪、电钻、电动扳手、电动螺钉旋具等。

1.2.9 常用焊割工具

常用焊割工具有电焊钳、电焊面罩、焊炬、割炬等。

1.2.10 砂轮机

砂轮机可供钣金工用来磨削各种刀具和工具，如錾、钻头、模具等，如图4-3所示。

1.2.11 砂轮切割机

砂轮切割机适用于切割角钢、槽钢、扁钢、钢管等型材，尤其适用于切割不锈钢、轴承钢及各种合金钢等材料，如图4-4所示。

1.2.12 剪床

剪床可用于板材的剪切，也可用于冲孔、冲槽、切口等工序。常用的剪床有斜口剪床、龙门剪床、振动剪床等，如图4-5所示为液压摆式剪板机。

图 4-3 砂轮机

（a）台式砂轮机；（b）手提电动砂轮机

图 4-4 移动式砂轮切割机

图 4-5 液压摆式剪板机

1.2.13 卷板机

卷板机是将板材通过旋转的轴辊来制取圆筒形或弧形工件的主要设备，还可用来矫正钢板，如图 4-6 所示为四辊卷板机。

1.2.14 压力机

压力机可用于冲裁、落料、切边、压弯、压延等工作，如图 4-7 所示。压力机分为机械压力机和液压压力机两种，机械压力机有曲柄压力机、摩擦压力机等。

图 4-6 四辊卷板机

图 4-7 压力机

课题 2 矫正和展开

2.1 矫正的基本操作

2.1.1 矫正的概念

用手工或机械消除金属材料不平、不直、翘曲变形等缺陷的操作统称为矫正。

(1) 矫正的种类

矫正分为手工矫正、机械矫正、火焰矫正、高频热点矫正等。

手工矫正是用手工工具在平台、铁砧或台虎钳上进行的，它包括扭转、延展、伸张等操作方法，使工件恢复到原来的形状。

机械矫正是在校直机、压力机上进行的。

这里主要介绍用手工矫正的方法。

(2) 矫正的应用

矫正主要取决于材料的力学性能，特别是金属材料的变形性能。金属材料的变形有两种：弹性变形和塑性变形。只有塑性较好的材料，才能进行矫正。在矫正过程中，材料由于受到锤击，金属组织变得紧密，材料表面硬度增加，性质变脆，塑性降低，造成材料进一步的矫正或其他冷加工都较困难，所以，有时可进行退火处理，使其恢复到原来的力学性能。

2.1.2 矫正常用的工具及用途

(1) 矫正平板

用作矫正较大面积板料或工件的基座。

(2) 铁砧

用作敲打条料或角钢时的砧座。

(3) 软、硬锤子

矫正一般材料，通常使用钳工手锤和方头手锤。矫正已加工过的表面、薄钢件或有色金属制件，应使用软手锤（如铜锤、木锤和橡皮锤等）。

(4) 螺旋压力机

用于矫正较长轴类零件或棒料。

(5) 抽条（又称豁皮）

是用条状薄板料弯成的简易工具，用于抽打较大面积的薄板料。

(6) 木方条

是用质地较硬的檀树木制成的专用工具，用于敲打板料。

(7) 检验工具

平板、角尺、直尺和百分表等。

2.1.3 矫正方法

(1) 条料的矫正

条料由于各种原因产生扭曲和弯曲等变形，需要进行矫直。矫直方法如下：

条料扭曲变形时，可用扭转的方法进行矫直（图4-8）。将工件的一端夹在台虎钳上，用类似扳手的工具或活络扳手，夹住工件的另一端，左手按住工具的上部，右手握住工具的末端，施力使工件扭转到原来的形状。

矫直条料在厚度方向上的弯曲时，可把条料近弯曲处夹入台虎钳，然后在它的末端用扳手朝相反方向扳动[图4-9(a)]，使其弯曲处初步扳直；或将条料的弯曲处放在台虎钳口内，利用台虎钳将它初步夹直[图4-9(b)]，消除显著的弯曲现象，然后，再放到平板上或铁砧上用手锤锤打，进一步矫直到所要求的平直度[图4-9(c)]。

条料在宽度方向上弯曲时，可先将条料的凸面向上放在铁砧上，锤打凸面，然后再将条料平放在铁砧上用延展法来矫直（图4-10）。延展法矫直时，必须锤打弯形弧短的一边材料（图 4-10 中细线为锤击部位），经锤击后使下边材料伸长而变直。如果条料的断面十分宽而薄，则只能直接用延展法来矫直。

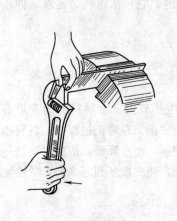

图 4-8 扭转法

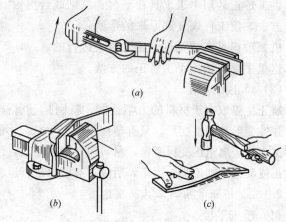

图 4-9 弯形法

（a）扳手初步扳直；（b）台虎钳初步夹直；（c）手锤锤打平直

(2) 棒类的矫直

棒料的弯曲，一般采用锤击法进行矫直。在矫直前，应先检查棒料的弯曲程度和弯曲部位，并用粉笔做好记号，然后把棒料的凸起部位向上放在平板上（图 4-11），用手锤连续锤击棒料凸起的部位，则棒料上层受压力而缩短，下层受拉应力而伸长，于是使凸起部位逐渐消除。再沿棒料全长上轻轻锤击，进一步矫直。

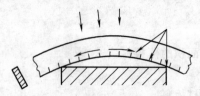

图 4-10 用延展法矫直条料

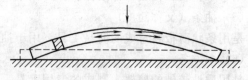

图 4-11 用锤击法矫直棒料

卷曲的细长线材，可用伸张法来矫直（图 4-12）。将卷曲的线材一端夹在台虎钳上，从钳口处的一端开始，把线在一圆木上绕一圈，用左手握住圆木向后拉，右手展开线材，把它拉直。

图 4-12 伸张法

(3) 板料的矫平

矫平板料是一种比较复杂的操作。引起板料翘曲的原因是多方面的。应该根据翘曲的不同情况，采用适当的矫正方法。如简单地不管情况如何，就直接锤击凸起部位，不但不能矫平，反而会增加板料的翘曲。如［图 4-13（a）］所示的中部凸起的板料，就不能直接锤击凸起部位。因为这个部位的材料厚度是受到外力后比原来变薄而凸起的，如果再加以锤击，材料则更薄，凸起现象更严重。在这种情况下，必须在板料的边缘适当地加以延展［图 4-13（a）］。边缘板料的厚度和凸起部位的厚度越趋近则越平整。因此在锤击时，应锤击边缘，从外到里应逐渐由重到轻，由密到稀。这样才能使凸起部位逐渐消除，最后达到平整要求。

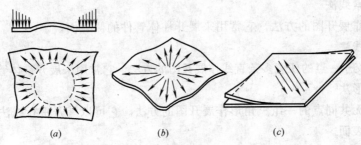

图 4-13 延展法
(a) 中间凸起；(b) 边缘成波浪形；(c) 对角翘曲

对表面上有几处凸起的板料，应先锤击凸起部位之间的地方，使所有分散的凸起部分聚集成一个总的凸起部分，然后再用延展法使总的凸起部分逐渐达到平直。

若板料四周呈波浪形，而中间平整［图 4-13（b）］，这说明板料四边变薄而伸长了。矫平时，应按［图 4-13（b）］中箭头方向由四角向中间锤打，中间应重而密，近角应轻而疏，经过反复多次锤打，可使板料达到平整。

如果薄板发生对角翘曲时，应沿另外没有翘曲的对角线锤击使其延展而矫平［图 4-13（c）］。

如厚度很薄而性质很软的铜箔或铝箔一类的材料，可用平整的木块，在平板上压推材料的平面，使其达到平整（图 4-14）。有些装饰面板之类的铜、铝制品，不允许有锤击印痕时，可用木锤或橡皮手锤锤击。

在厚度不大的薄板上有微小扭曲时，可按（图 4-15）所示的方法，用抽条从左到右（或从右到左）顺序抽打平面，因抽条与板料接触面积较大，板料受力均匀，容易达到平整。

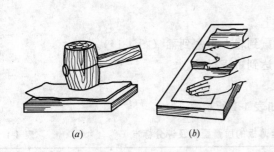

图 4-14 薄板料的矫平方法
(a) 用木锤敲平；(b) 用平木块压推矫平

图 4-15 用抽条抽板料

2.2 展开的基础知识

2.2.1 展开的基本概念

所谓展开，即将各种形式的构件立体表面按实际尺寸依次展开画在一个平面上。

2.2.2 作图方法

在展开的具体操作中，简单的构件，可直接量取构件表面尺寸画出下料图；对复杂的构件，则必须用作图法。

常用的作图方法如下：

(1) 平行素线法

用平行线作展开图的方法。它常用来展开柱体管件的侧表面。

(2) 放射线法

用一组汇交于一点的任意多条直线作展开图的方法。它常用来展开锥体管件的侧表面。

(3) 三角形法

用毗邻且无共同点的一组三角形作展开图的方法。它可以展开平行线法和放射线法不能展开的物体表面。

(4) 直角梯形法

用毗邻且无共同点的一组梯形作展开图的方法。用途和三角形法类似。

(5) 辅助球面法

借助球面截取相贯体来获得相贯线。主要适用于回转体与球面相交的表面的展开。

2.3 训练课题

2.3.1 手工矫正中心凸起薄板

(1) 目的和要求

了解常用矫正工具和设备的使用方法,在矫正时,能初步掌握准确锤击的方法,能在平板上矫正薄铁板、角料、条料等工件,达到基本平直。

(2) 材料

待矫正薄铁板 300mm×200mm×4mm。

(3) 工具及材料

钳工工作台、木锤、铁砧、平木板、铁锤、扳手。

(4) 方法和步骤

1) 将中心凸起的薄铁板平放在平板上。

2) 锤击铁板边缘,从外到里逐渐由重到轻,由密到稀(图4-14)。

3) 经过反复锤打,消除凸起部分,达到矫正目的。

2.3.2 质量要求

本训练课题的质量要求及评分标准如表4-1所示。

手工矫正中心凸起薄板的质量要求及评分标准　　　　表 4-1

项 次	项目及要求	分 值	评 价	评 分
1	能按正确的方法进行锤击	20		
2	锤击部位和顺序要正确	20		
3	能正确使用扳手、虎钳等工具	15		
4	矫正后工件要达到平整要求	30		
5	安全文明生产	15		
总分	100分　姓名　　　学号		教师签名:	成绩

2.3.3 质量分析

1) 矫正后工件无法达到平整要求。锤击时,未按要求从凸起处边缘开始向外扩展锤击,锤击点的密度越向外越密,从而使钢板四周获得充分延展。

2) 矫正后无法达到效果。锤击时位置不对,由于薄钢板的刚性较差,锤击时,凸起处被压下获得扩展，反而使变形变得更为严重，所以达不到矫正的效果。

3) 工件表面留有凹凸不平的锤痕。锤击用力过重、过密，在工件表面留下了锤痕。

课题3 弯曲成形

3.1 弯曲的概念和计算

3.1.1 弯曲的概念

为将板料、条料、棒料或管子弯曲成所要求的形状所从事的工作称为弯曲。

弯曲时根据是否对材料进行加热可分为冷弯和热弯两种。根据操作的方法可分为机械弯曲和手工弯曲两种。

弯曲工作主要针对塑性好的材料，只有塑性较好的材料才适合进行弯曲加工。材料经过弯曲以后，弯曲部分靠外面的材料由于受拉力作用而伸长，靠里面的材料受挤压力的作用而缩短，而中间有一层材料既没有伸长，又没有缩短，通常称为中性层，如图4-16所示。图中材料的外层材料 $e—e$ 和 $d—d$ 伸长，内层材料 $a—a$ 和 $b—b$ 缩短，而中间一层材料 $c—c$ 则长度不变。

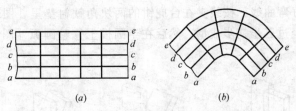

图4-16 钢板弯曲前后情况
(a) 弯曲前；(b) 弯曲后

3.1.2 弯曲毛坯长度的计算

由于材料在弯曲变形后，只有中性层的长度不变，因此在计算弯曲工件的毛坯长度时，在一定的条件下，可以按中性层的长度计算。在通常情况下，材料弯曲后，中性层不在材料的当中，而是偏向内层材料的一边。经实验证明，中性层的位置是与材料的弯曲半径 r 和材料厚度 t 有关。

在材料弯曲过程中，其变形大小与下列因素有关：

1) r/t 比值越小，变形越大；反之，r/t 比值越大，则变形越小。

2) 弯曲角 α 越小，变形越小；反之，弯曲角 α 越大，则变形越大。

由此可见，当材料厚度不变，弯曲半径愈大，变形越小，而中性层越接近材料厚度的中间。如弯曲半径不变，材料厚度越小，而中性层也越接近材料厚度的中间。

3.2 折弯的基本操作

3.2.1 弯制直角形材料

板料工件中有一个直角的，也有几个直角的。如工件形状简单、尺寸不大，而且能在台虎钳上夹持的，就在台虎钳上弯制直角。弯曲前，应先在弯曲部位划好线，线与钳口

（或衬铁）对齐夹持，两边要与钳口垂直，用木锤敲打到直角即可。被夹持的板料，如果弯曲线以上部分较长时，为了避免锤击时板料发生弹跳，可用左手压住材料上部，用木锤在靠近弯曲部位的全长上轻轻敲打，如［图4-17（a）］所示，使弯曲线以上平面部分，不受到锤击和回跳，保持原来的平整。如敲打板料上端，如［图4-17（b）］所示，由于板料的回跳不但使平面不平，而且角度也不易弯好。如弯曲线以上部分较短时，应如［图4-17（c）］所示，用硬木块垫在弯曲处再敲打，弯成直角。

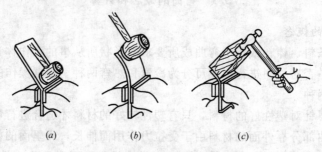

图4-17 板料在台虎钳上弯直角
（a）弯较长工件直角的正确方法；（b）弯较长工件直角的错误方法；（c）弯较短工件直角的方法

3.2.2 弯圆弧形工件

先在材料上划好弯曲线，按线夹在台虎钳的两块角铁衬垫里［图4-18（b）］，用方头手锤的窄头锤击，经过三步初步成型，然后在半圆模上修整圆弧［图4-18（c）］，使其形状符合要求。

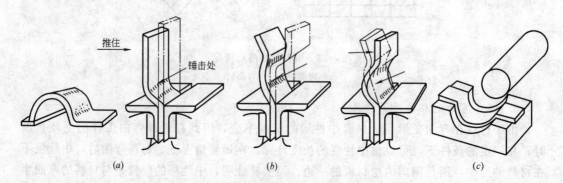

图4-18 弯圆弧形工件的顺序
（a）圆弧形工件；（b）弯曲圆弧形工件三步锤击初步成型；（c）圆弧形工件的修整

3.3 卷弯的基本操作

3.3.1 弯圆弧和角度结合的工件

如要弯制如图4-19（a）所示的工件，先在狭长板料上划好弯曲线，弯曲前，先将两端的圆弧和孔加工好。弯曲时，可用衬垫将板料夹在台虎钳内，先将两端的1、2两处弯好［图4-19（b）］，最后在圆钢上弯工件［图4-19（c）］。

3.3.2 管子的弯曲

管子一般可用冷弯方法进行，而12mm以上的管子，则用热弯，但管子弯曲的最小弯曲半径，必须大于管子直径的4倍。当弯曲的管子直径在10mm以上时，为了防止管子

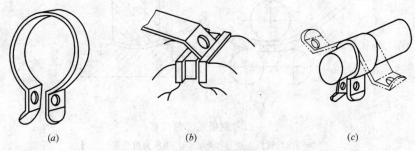

图 4-19 弯圆弧和角度结合工件的顺序
(a) 成型工件；(b) 弯曲工件两端；(c) 弯曲工件圆弧

弯瘪，必须在管内灌满干砂（灌砂时用大棒敲击管子，使砂子灌得结实），两端用木塞塞紧［图 4-20 (a)］。对于有焊缝的管子的弯曲，焊缝必须在中性层的位置上［图 4-20 (b)］，否则会使焊缝裂开。冷弯油管通常在弯管工具上进行。

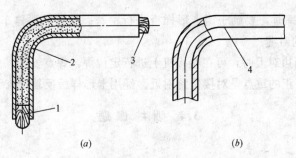

图 4-20 冷弯管子
(a) 管子灌砂；(b) 焊缝在中性层位置
1、3—木塞；2—砂子；4—焊缝

3.3.3 卷板机滚弯

卷板机是用来滚弯圆弧形和圆筒形工件的专用设备。根据轴辊数量的不同可分为三辊和四辊卷板机两类；而根据轴辊排列形式，又有对称式和不对称式之分。其中，三辊对称式卷板机比较常见。

卷板机的操作方法如下所述。

(1) 预弯

为了使钢板的两段在卷板完成后都能成形，必须先对直边进行预弯。具体作法为：将一块厚钢板先弯制成所需的弯曲率，然后将钢板放在其上，对端部进行预弯［图 4-21 (a)］，或用压形模在压力面上对钢板端部进行预弯［图 4-21 (b)］。在完成预弯后需用卡形样板检查是否符合工件曲率要求。

(2) 上料

材料两端预弯后，将其置于上、下轴辊间。向下调上轴辊，使之轻轻压住钢板，然后进行找正。

(3) 滚弯

钢板找正后，便可开动卷板机进行滚弯。多采用渐进法滚弯，每次向下调上轴辊要适

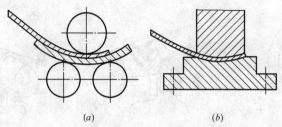

图 4-21 钢板端部的预弯
(a) 在卷板机上进行预弯；(b) 用压力机预弯

量，卷进一次后再下调，这样反复进行，逐渐达到所需的曲率。

滚弯过程中要注意以下几点：

1) 随时注意材料是否对正。

2) 卷板机每次行程停止时，要注意钢板端部留有一定距离，防止工件由于轴辊的惯性转动而脱落。

3) 接近所需曲率时，要勤于用卡形样板进行检查。检查时要停车。

(4) 筒形工件的对缝

筒形工件滚到两边对上时，可在卷板机上进行定位焊，焊点要平。然后，可开动卷板机对圆筒进行滚圆。矫正的重点是对接位置附近。经用卡形样板反复检查无误后，方可卸下。

3.4 训 练 课 题

3.4.1 弯制多直角工件

(1) 目的和要求

能够正确计算弯曲前后的毛坯长度，熟练掌握手工弯曲板料的工艺方法。

(2) 材料

待下料板料一张（厚度为 2mm）。

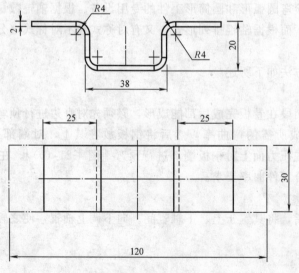

图 4-22 弯制多直角工件的尺寸

(3) 工具及材料

钳工台、虎钳、锤子、角铁衬、划线工具一套、衬垫铁。

(4) 方法与步骤

1) 按图纸要求（图4-22）下料并锉外形尺寸，然后按图划线；

2) 将工件按划线夹入角铁衬内弯 A 角，如图 4-23 (a) 所示，再用衬垫①弯 B 角，如图 4-23 (b) 所示，然后用衬垫②弯 C 角，如图 4-23 (c) 所示；

3) 对宽度进行矫正，确保尺寸；

4) 自检，合格后送指导老师验收。

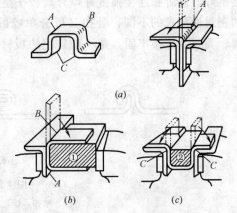

图 4-23 弯制多直角形工件顺序
(a) 弯 A 角；(b) 弯 B 角；(c) 弯 C 角

3.4.2 质量要求

本训练课题的质量要求及评分标准如表4-2所示。

弯制多直角工件的质量要求和评分标准　　　　表 4-2

项次	项目及要求	分值	评价	评分
1	弯板时表面无麻点或锤痕	15		
2	弯曲角度要与要求相符	20		
3	弯板尺寸要符合图纸要求	15		
4	材料长度要足够	20		
5	操作要符合安全规范	15		
6	安全文明生产	15		
总分	100 分　姓名　　　　学号		教师签名：	成绩

3.4.3 质量分析

(1) 表面留有麻点或锤痕

是由于锤击时手锤歪斜，锤的边缘和加工件材料接触，或锤击面不光滑，及对加工过的表面用硬锤直接锤击等造成的。

(2) 加工件弯斜或尺寸不准确

是由于夹持不正或夹持不紧，锤击偏向一边，或用不正确的模具，锤击力过重等造成的。

(3) 材料长度不够

多是由于弯曲前毛坯长度计算不准确造成的。

课题 4　咬　　缝

4.1　咬缝的形式

把两块板料的边缘折转扣合并压紧的加工方法称为咬缝，也可称为咬口。它不同于铆接使用铆钉，而是将两板卷边，互相挂扣在一起。是一种常见的钣金连接方式。

常见的咬缝形式（图4-24）有站扣和卧扣两大类。站扣制作简单，但刚性差，密封性不好。而卧扣连接强度好，外观较平整，密封性也较好，但制作复杂。同时，根据强度和密封性要求的不同，卧扣又可分单咬卧扣和整咬卧扣两种。咬缝操作简便，连接处平滑、美观，连接牢固，是一种常用的板材连接方法。

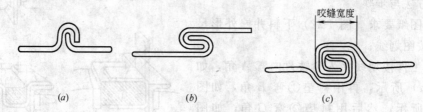

图 4-24　咬缝种类
(a) 站扣；(b) 单咬卧扣；(c) 整咬卧扣

4.2　咬缝的基本操作

4.2.1　咬缝余量的确定

制作咬缝工件时，必须先对板料进行下料，使下料尺寸应留有足够的咬缝余量，首先必须确定咬缝的宽度，而咬缝宽度与板厚有关。通常板厚在 1.5mm 以上时，一般不采用咬缝连接，而采用焊接或铆接等连接方式；板厚在 0.7～1.5mm 时，咬缝宽度为 8～12mm；板厚在 0.7mm 以下时，咬缝宽度为 6～8mm；板越厚，咬缝越宽。

咬缝余量除了与咬缝宽度有关外，还取决于咬缝的形状。以咬卧扣为例，一般说来，单咬卧扣的余量应为咬缝宽度的 3 倍，整咬卧扣的余量应为咬缝宽度的 5 倍。咬缝余量在两块板上的分配应是，其中一块板上是 1 或 2 倍咬缝宽度，另一块板上为 2～3 倍咬缝宽度，即两块板上的余量均为咬缝宽度的整数倍，且相差 1 倍。

4.2.2　咬缝的弯制方法

手工弯制咬缝所使用的工具有木锤、拍板、角钢和方杠等。

单咬卧扣的弯制方法，如图 4-25 所示。其操作过程如下：

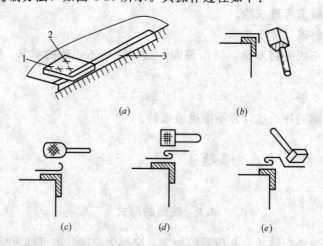

图 4-25　单咬卧扣的弯制方法
(a) 板料安放；(b) 弯折 90°；(c) 再弯折 90°；(d) 互扣后压紧；(e) 边缘敲凹
1—板料；2—弯折线；3—角钢

(1) 先根据咬缝余量，在板料上划出咬缝弯折线；

(2) 将板料放在角钢或方杠上（角钢或方杠放在平板上），并使弯折线对齐角钢或方杠的边缘；

(3) 用木锤敲击伸出部分，使其弯折成90°角；

(4) 翻转板料（翻面），用木锤锤击，使弯折朝内再弯折90°角（留有一定的缝隙）；

(5) 按前面的方法弯折另一块板料，将已弯折的两块板料互扣在一起，并用木锤敲击压紧；

(6) 将咬缝边缘用木锤敲凹，以防咬缝松脱。

整咬卧扣是在单咬卧扣的基础上，对板料再弯折一次后进行互扣咬合，即可完成。

4.2.3 薄板的卷边

为了提高薄板制件边缘的刚性和强度，需要把边缘卷曲成一定的形状，这种操作方法为卷边。

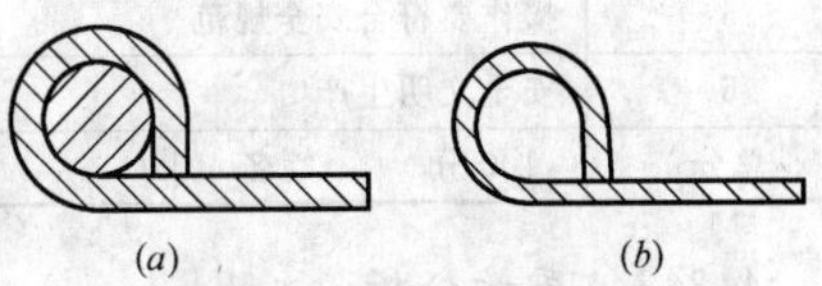

图 4-26 卷边的种类
(a) 夹丝卷边；(b) 空心卷边

常见的卷边操作有夹丝卷边和空心卷边两种，如图4-26所示。夹丝卷边是在边缘上加上一根铁丝进行卷曲，以增加卷边部分的刚性和强度。一般铁丝直径应为板料厚度的3倍以上。

卷边操作通常与咬缝操作同时进行。

4.3 训练课题

4.3.1 漏斗身的制作

(1) 目的和要求

能够正确计算出下料尺寸及咬缝余量，熟练掌握手工制作咬缝的工艺方法，能制作单咬卧扣。

(2) 材料

待下料板料一张（厚度为1mm）。

(3) 工具及材料

钳工台、虎钳、木锤、拍板、角钢、平板和方杠等。

(4) 方法与步骤

1) 下料。如图4-27所示，漏斗身呈一锥筒形，经收边和咬缝而成，下料时应留有咬缝余量。可根据计算划线下料。

2) 将两边按咬缝加工线弯折成内扣形，并留有缝隙。

3) 将漏斗身弯卷成锥筒形，并使咬缝互扣上，注意校圆。

4) 将漏斗身套在圆柱上，并用木锤锤击咬缝处，使其扣紧。

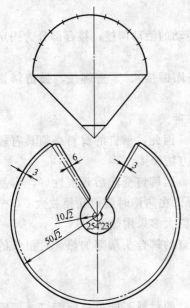

图 4-27 漏斗身的下料图

4.3.2 质量要求

本训练课题的质量要求及评分标准如表4-3所示。

漏斗身制作的质量要求及评分标准　　　　　　　　表4-3

项次	项目及要求	分值	评价	评分
1	咬缝前板料咬缝余量要计算正确	15		
2	咬缝操作顺序要与要求相符	15		
3	咬缝完成后要符合图纸要求	15		
4	咬缝强度要满足要求,外观要平整	25		
5	操作要符合安全规范	15		
6	安全文明生产	15		
总分	100分　姓名　　　学号		教师签名：	成绩

4.3.3 质量分析

1) 咬缝余量必须达到要求，否则可能导致咬缝量不足，咬合不牢固。

2) 咬合卧扣弯制时必须平直，弯折量足够，否则可能导致咬缝不均匀、不平直。

3) 咬缝边缘必须用木锥敲凹，否则可能导致咬缝松脱。

课题5　铆接和螺纹连接

5.1　铆接的方法及基本操作

5.1.1　铆接的种类及工具

铆接是指用铆钉连接两个或两个以上材料所进行的工作。

目前，铆接已逐渐为焊接工艺所取代，但在安装工作中，仍在一定范围内使用。

(1) 铆接的种类

按使用的要求不同，铆接可分为：接合部分可相互转动的活动铆接；接合部分为固定不动的固定铆接。

按铆接的用途和要求不同又可分为：强固铆接（坚固铆接）、紧密铆接、强密铆接（坚固紧密铆接）。

按铆接方法的不同又可分为：冷铆、热铆和混合铆三种。

1) 冷铆。铆接时，铆钉不需加热，直接镦出铆合头。因此，铆钉的材料必须具有较高的延展性。直径在8mm以下的钢制铆钉都可以用冷铆方法铆接。

2) 热铆。把铆钉全部加热到一定温度，然后再铆接。因铆钉受热后延展性好，容易成型，并且在冷却后铆钉杆收缩，更加大了结合强度。所以在热铆时要把孔径放大0.5～1mm，使铆钉在热态时容易插入。直径大于8mm的钢铆钉大多采用热铆。

3) 混合铆。在铆接时，不把铆钉全部加热，只把铆钉的铆合头端部加热。对很长的铆钉，一般采用这种方法，铆钉杆不会弯曲。

(2) 铆钉种类及铆接工具

1) 铆钉的种类及应用。铆钉是铆接的连接件。按铆钉的材料不同可分钢铆钉、铜铆钉和铝铆钉等。按铆钉形状和用途不同可分为平头、半圆头、沉头、半圆沉头、管子空心和皮带铆钉等。如表 4-4 所示。

2）铆接工具。铆接时使用的工具主要有以下几种：

A. 手锤。常用的为圆手锤和方头手锤两种。手锤的质量一般按铆钉的直径大小来选取，通常使用 0.25～0.5kg 的小手锤。

B. 压紧冲头。如图 4-28（a）所示，它是用来压紧被铆接件的工具。当铆钉直径插入孔内后，用压紧冲头有孔套在铆钉圆杆上，然后用手锤锤击压紧冲头另一端，使工件相互贴紧。

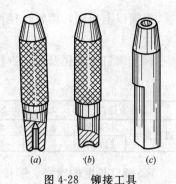

图 4-28 铆接工具
（a）压紧冲头；（b）罩模；（c）顶模

铆钉种类及应用　　　　　　　　　　表 4-4

名称	形状	应用
平头铆钉		铆接方便，应用广泛，常用于一般无特殊要求的铆接中，如铁皮箱盒、防护罩壳及其他结合件中
半圆头铆钉		应用广泛，如钢结构的屋架、桥梁和车辆、起重机等，常用这种铆钉
沉头铆钉		应用于框架等制品表面要求平整的地方，如铁皮箱柜的门窗及有些手用工具等
半圆沉头铆头		用于有防滑要求的地方，如踏脚板和走路梯板等
管状空心铆钉		用于在铆接处有空心要求的地方，如电器部件的铆接等
皮带铆钉		用于铆接机床制动带及铆接毛毡、橡胶、皮革材料的制件

C. 罩模和顶模。如图 4-28（b）、（c）所示，罩模和顶模的工作部分都是凹面，凹面形状应按所用铆钉的头部形状而制作，一般是凹球面。罩模和顶模的区别在于：铆接时，罩模用于铆出完整的铆合头；顶模用于顶住另一端的铆合头，防止铆合头变形。顶模的柄部做成扁平面，可夹持在台虎钳上，作铆钉头的支撑。

D. 铆钉枪。也称风枪，是铆接的主要工具，如图 4-29 所示。铆钉枪是利用压缩空气作动力的一种风动工具。铆钉枪的优点是体积小，操作灵便。缺点是操作时噪声较大。

E. 铆钉直径和通孔直径的确定。铆钉直径的大小与被连接板的厚度、连接形式及被连接板的材料等多种因素有关，通常按以下原则确定：在厚度相差不大的钢板相铆接时，t 为厚钢板的厚度；厚度相差很大（4 倍或 4 倍以上）的钢板相铆接时，t 为较薄钢板的厚度；钢板与型钢相铆接时，t 为两者的平均厚度。

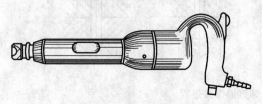

图 4-29 铆钉枪

根据以上原则，铆钉直径可按以下公式计算为
$$d=1.8t$$
标准铆钉的直径及通孔直径可按表 4-5 选取。

标准铆钉直径及通孔直径（mm） 表 4-5

公称直径		2.0	2.5	3.0	4.0	5.0	6.0	8.0	10.0
通孔直径	精装配	2.1	2.6	3.1	4.1	5.2	6.2	8.2	10.3
	粗装配	2.2	2.7	3.4	4.5	5.6	6.6	8.6	11

F. 铆钉长度的确定。铆接时铆钉所需长度 L 等于被连接板总厚度 s 与铆钉伸出长度（铆成铆合头）l 的和。即 $L=s+l$。其具体计算可按下列经验公式确定。

半圆头铆钉：$L=s+(1.25\sim1.5)d$

沉头铆钉：$L=s+(0.8\sim1.2)d$

5.1.2 铆接的方法和铆钉的拆卸方法

（1）铆接的方法

铆钉连接的基本形式是由零件相互结合的位置所决定的，主要有搭接连接、对接连接和角接连接三种，如图 4-30 所示。

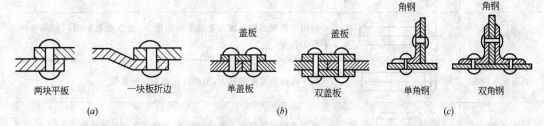

图 4-30 铆接连接的基本形式
(a) 搭接连接；(b) 对接连接；(c) 角接连接

1）半圆头铆钉和铆接方法（图 4-31）。铆接步骤：工件贴合后一起钻孔并倒角—插入铆钉—铆钉下端用顶模顶住，用压紧冲头使工件贴合 [图 4-31（a）]—用手锤垂直向下镦粗铆钉 [图 4-31（b）]—用手锤铆出大致形状 [图 4-31（c）]—用罩模铆出完整的铆合头 [图 4-31（d）]，完成铆接。

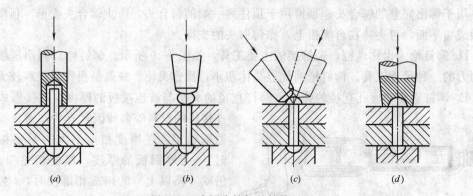

图 4-31 半圆头铆钉的铆接过程
(a) 压紧板料；(b) 镦粗伸出部分；(c) 锤打成型；(d) 用罩模修整铆合头

2) 沉头铆钉的铆接方法（图4-32）。铆接步骤：工件贴合后一起钻孔、锪孔并倒角—插入铆钉—用压紧冲头使工件贴合 [图4-32（a）]—用手锤镦粗铆钉 [图4-32（b）]—将铆合头锤打成形 [图4-32（c）]—修平铆合头 [图4-32（d）]，完成铆接。

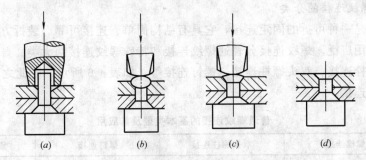

图4-32　沉头铆钉的铆接过程
（a）压紧板料；（b）镦粗伸出部分；（c）锤打成型；（d）修平高出部分

3) 管状空心铆钉的铆接方法（图4-33）。铆接步骤：工件贴合后一起钻孔、锪孔并倒角—插入铆钉——用压紧冲头使工件贴合 [图4-33（a）]—用锥形样冲把铆钉伸出部分口边撑开 [图4-33（b）]—用成型冲子使铆合成型 [图4-33（c）]，完成铆接。

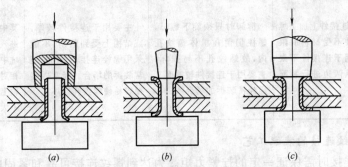

图4-33　管状空心铆钉的铆接过程
（a）压紧板料；（b）撑开口边；（c）铆口成型

(2) 铆钉的拆卸方法

拆除铆接件，需要将铆钉的头部去掉，把铆钉从孔中冲出。对一般较粗糙的铆接件，可直接用錾子把铆钉头錾去，再用冲头冲出铆钉。当铆接件表面不允许受到损伤时，可用钻孔的方法拆卸。半圆头铆钉的拆卸如图4-34所示，可先把铆钉的顶端敲平或铲平，再用样冲冲出中心眼，并用钻头钻孔，其深度为铆合头的高度，然后用合适的铁棒插入孔

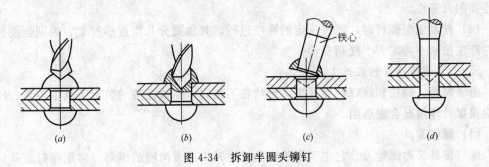

图4-34　拆卸半圆头铆钉

中,将铆钉头折断,最后用冲头冲出铆钉。

5.2 螺纹连接的基本操作

5.2.1 螺纹连接的分类

螺纹连接是一种可拆的固定连接,它具有结构简单、连接可靠、装拆方便等优点,在安装工程中应用广泛。螺纹连接分普通螺纹连接和特殊螺纹连接两大类。普通螺纹连接的基本类型有螺栓连接、双头螺柱连接、螺钉连接等,如表4-6所示,除此之外的螺纹连接称为特殊螺纹连接。

普通螺纹连接的基本类型及其应用　　　　　　　　　　　表4-6

类型	螺栓连接	双头螺柱连接	螺钉连接	紧固螺钉连接
结构				
特点及应用	无须在连接件上加工螺纹,连接件不受材料的限制,主要用于连接件不太厚,并能从两边进行装配的场合	拆卸时只须旋下螺母,螺柱仍留在机体螺纹孔内,故螺纹孔不易损坏。主要用于连接件较厚而又需经常装拆的场合	主要用于连接件较厚,或结构上受到限制,不能采用螺栓连接,且不需经常装拆的场合。经常拆装很容易使螺纹孔损坏	紧定螺钉的末端顶住其中一连接件的表面或进入该零件上相应的凹坑中,以固定两零件的相对位置,多用于轴与轴上零件的连接,传递不大的力或扭矩

5.2.2 螺纹连接的装配工艺

(1)螺纹连接时需保证一定的拧紧力矩。为达到螺纹连接可靠和紧固的目的,要求纹牙间有一定的摩擦力矩,所以螺纹连接装配时应有一定的拧紧力矩,使纹牙间产生足够的预紧力。

(2)需要有可靠的防松装置。螺纹连接一般都具有自锁性,在静载荷下,不会自行松脱,但在冲击、振动或交变载荷下,会使纹牙之间正压力突然减小,以致摩擦力矩减小,使螺纹连接松动。因此,螺纹连接时应有可靠的防松装置,以防止摩擦力矩减小和螺母回转。

(3)在螺钉和螺母装配时,螺钉或螺母与工件接触的表面要光洁、平整,否则将会影响连接的可靠性。

(4)拧紧成组螺钉时,要按一定的顺序进行,并做到分几次逐步拧紧,否则会使被连接件产生松紧不均匀和不规则变形。

5.2.3 螺纹连接的装拆工具

由于螺栓、螺柱和螺钉种类繁多,形状各不相同,螺纹连接的装拆工具也很多。使用时应根据具体情况合理选用。

(1)螺钉旋具

螺钉旋具又称螺丝刀。它主要用于旋紧或松开头部带沟槽的螺钉。常用螺钉旋具如图

4-35 所示。常用规格有 100mm（4in）、150mm（6in）、200mm（8in）、300mm（12in）等几种。使用时，应根据螺钉沟槽的形状、宽度选用不同的螺钉旋具。

(2) 扳手

扳手是用来旋紧六角形、正方形螺钉和各种螺母的常用工具。扳手通常可分为通用扳手和专用扳手两大类。

通用扳手又称为活动扳手，其结构如图 4-36 所示。活动扳手开口尺寸可以在一定的范围内调节，其规格用扳手长度表示，可分为 100~600mm 多种规格。使用活动扳手时，应让其固定钳口承受主要作用力；否则，易损坏扳手，如图 4-37 所示。

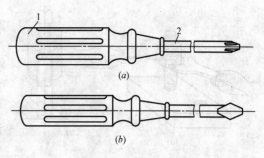

图 4-35 螺钉旋具
(a) 十字改锥；(b) 平口改锥
1—木柄；2—刀体

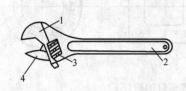

图 4-36 活动扳手
1—固定钳口；2—扳手体；3—螺杆；4—活动钳口

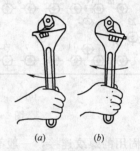

图 4-37 活动扳手的使用
(a) 正确；(b) 错误

专用扳手常见的有开口扳手（又称呆扳手）、梅花扳手、套筒扳手、内六角扳手、管子扳手等，如图 4-38 所示。

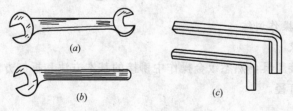

图 4-38 开口扳手
(a) 双头；(b) 单头；(c) 内六角扳手

5.2.4 螺纹连接件的装配

(1) 双头螺柱的装拆方法

先将两个螺母相互锁紧在双头螺栓上，拧紧时可扳动上面一个螺母，把双头螺栓拧入螺孔中；拆卸时则扳动下面一个螺母就可以把双头螺柱旋出螺孔，如图 4-39 所示。

(2) 螺母和螺钉的装拆方法

螺母和螺钉的装拆除了要按一定的拧紧力矩来拧紧以外，还应注意以下几点：

1) 螺杆不应产生弯曲变形，螺钉头部、螺母底部应与连接件接触良好。

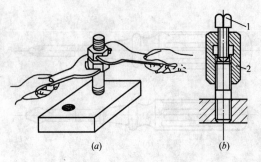

图 4-39 双头螺柱拧入法
1—止动螺钉；2—长螺母

2）被连接件应均匀受压，互相紧密贴合，连接牢固。

3）成组螺母或螺钉拧紧时，应根据被连接件形状和螺栓分布情况，按一定的顺序逐次拧紧螺母（图 4-40）。在拧紧长方形布置的成组螺母或螺钉时，应从中间开始，逐渐向两边对称地扩展；在拧紧圆形或方形布置的成组螺母或螺钉时，必须对称地进行拧紧，以防止螺栓受力不均，造成变形。

（3）螺纹连接的防松装置

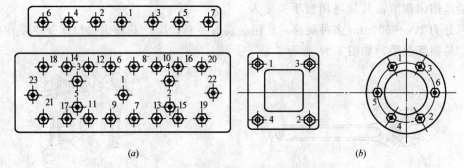

图 4-40 拧紧成组螺母或螺钉的顺序

作紧固用的螺纹连接，一般都具有自锁性，但当工作中有震动或冲击时，必须采用防松装置，以防止螺钉和螺母松脱。具体防松装置有以下几种：锁紧螺母、弹簧垫圈、开口销与带槽螺母、止动垫圈、止动螺钉等。同时，在实际操作中还可以通过串联钢丝进行防松。

5.3 训练课题

5.3.1 铆接的操作训练

（1）目的和要求

能正确使用铆接工具，熟悉钣金操作中铆接的基本方法和拆卸方法，能正确计算和选择铆钉尺寸及通孔直径。

（2）材料

板料两块（厚度＝12mm）、半圆头铆钉。

（3）工具及材料

锤子、压紧冲头、罩模、顶模等铆接工具。

（4）方法与步骤

1）将两块板贴合在一起钻孔并倒角；

2）插入选择好的铆钉；

3）铆钉下端用顶模顶住，用压紧冲头使工件贴合；

4）用手锤垂直向下镦粗铆钉；

5）用手锤铆出大致形状；

6）用罩模铆出完整的铆合头，完成铆接。

5.3.2 质量要求

本训练课题的质量要求及评分标准如表 4-7 所示。

铆接的质量要求及评分标准　　　　　表 4-7

项次	项目及要求	分值	评价	评分
1	铆接前钻孔及铆钉选择要正确	15		
2	铆接操作要与要求相符	15		
3	铆接完成后要符合技术要求	20		
4	两工件间要符合贴合紧密，铆接表面要平整	20		
5	操作要符合安全规范	15		
6	安全文明生产	15		
总分	100分　姓名　　　学号		教师签名：	成绩

5.3.3 质量分析

铆接时，由于操作不当或其他原因，常会产生各种各样的缺陷，缺陷严重时，会削弱构件的连接强度，因此，必须重铆。常见的问题有以下几种：

1）由于铆钉过长，在铆接时铆钉歪斜、铆钉孔没对准、镦粗铆合头时不垂直等可能导致铆合头偏歪。

2）由于罩模工作面不光洁、铆接时锤击力过大或连续锤击使罩模弹回时棱角碰在铆合头上，导致铆合头不光洁或有凹痕。

3）铆钉太短导致半圆铆合头不完整。

4）铆钉孔直径太小、孔口没倒角可导致原铆钉头没紧贴工件。

5）罩模歪斜、罩模凹坑太大可导致工件上有凹痕。

6）铆钉孔太小、铆钉杆直径太小可导致铆钉杆在孔内弯曲。

7）工件板料不平整、板料没压紧可导致工件之间有间隙。

思 考 题

1. 钣金加工中常用的设备有哪些？
2. 什么叫矫正？常用的有哪几种方法？
3. 什么叫弯曲？常见的弯曲方法有哪几种？各有何特点？
4. 简述卷板机的基本操作方法。
5. 什么叫咬缝？常见的有哪几种咬缝形式？
6. 螺纹连接有哪几种形式？有何特点？
7. 装拆螺钉、螺母时应注意哪些问题？
8. 试述半圆头铆钉的铆接过程。

单元5 电工基本操作技能

知识点：
1. 电工安全作业及用电安全技术。
2. 电工常用工具、仪表的正确使用。
3. 电工技能中导线的连接，绝缘恢复的基本方法及要求。
4. 电工技能中照明的基本电路及室内配线。
5. 电路的常见故障及检修。

教学目标：
1. 通过本课程的学习了解电工技能在建筑施工中的重要作用。
2. 能熟练掌握电工安全作业，用电安全措施，触电急救方法。
3. 能正确掌握电工常用工具、仪表的使用方法及在操作中应注意的安全要求。
4. 熟悉并掌握室内配电线路的安装技能。
5. 能独立完成白炽灯、日光灯及插座的安装，能独立进行瓷夹板、槽板及塑料管配线，能分析并排除简单的电路故障，具备较强的实际操作技能。

课题1 用电安全知识

1.1 保护接地和保护接零

电气设备上与带电部分相绝缘的金属外壳，通常因绝缘损坏或其他原因而导致外壳意外带电，造成人身触电事故。为了避免或减小事故的危害性，电气工程中常用保护接地和保护接零的安全技术措施。

1.1.1 保护接地

接地就是把电气设备外壳与土层作良好的电气连接，通常把与土层直接接触的金属叫接地体，与电气设备外壳的连接线叫做接地线。

（1）保护接地是将电气设备在正常情况下不带电的金属外壳或构架用足够的粗金属导线（如钢筋）与接地体可靠地连接起来以保护人体的安全，如图5-1所示。

（2）保护接地通常由埋入地中的钢管、角钢或用埋入地中的自来水管做为接地体，其接地电阻不得超过10Ω。

（3）保护接地适用于三相三线制的输配电系统。

1.1.2 保护接零

保护接零就是将电气设备金属外壳与三相四线制配电系统的零线紧密连接起来，如图5-2所示。

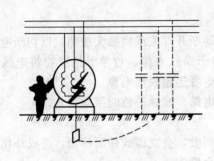

图 5-1 保护接地

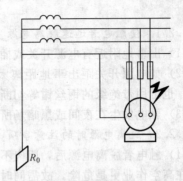

图 5-2 保护接零

1.1.3 注意事项

(1) 对于中性点接地的三相四线制配电系统，不能采用保护接地，必须采用保护接零，如图 5-3 所示。

(2) 中性点不接地系统中，不允许采用保护接零，如图 5-4 所示。

(3) 同一配电系统中，不允许一部分设备保护接地，而另一部分设备保护接零，如图 5-5 所示。

(4) 在中性点接地系统中，将零线上一处或几处进行重复接地叫做重复接地，如图 5-6 所示。

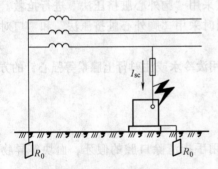

图 5-3 中性点接地系统不能
采用保护接地

图 5-4 中性点不接地系统中不
能采用保护接零

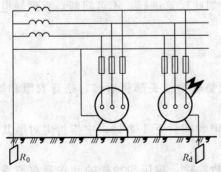

图 5-5 不正确的接地、接零保护

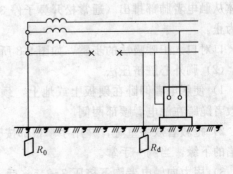

图 5-6 重复接地

1.2 触电急救

1.2.1 使触电者迅速脱离电源

（1）出事地附近有电源开关或插头时，应立即断开开关或将插头拨掉，以切断电源。

（2）如电源开关距出事地距离太远时，可用干燥的木棒、竹竿等绝缘物将电线移掉（开）。也可用带绝缘的钢丝钳等切断电源，使触电者迅速脱离电源。

（3）触电发生在夜间或黑暗场所，应准备手电筒、蜡烛等临时照明用具。

1.2.2 脱离电源时的注意事项

（1）触电者脱离电源后，肌肉不再受到电流刺激，会立即放松而摔倒，造成外伤，特别是在高空作业更是危险，故需同时有相应的安全措施。

（2）脱离电源时，还需注意不要误伤他人，使事态扩大。

1.2.3 简单诊断

（1）将触电者迅速移至比较通风干燥的地方，使其仰卧，将上衣与裤带放松。

图 5-7 瞳孔正常和瞳孔放大

（2）检查触电者是否有呼吸及是否心跳。

（3）观察触电者瞳孔是否放大，如图 5-7 所示。当处于假死状态时，人的大脑细胞严重缺氧，处于死亡边缘，瞳孔也就自行放大了。

1.2.4 急救措施

（1）对"有心跳而呼吸停止"的触电者，应采用"口对口人工呼吸法"进行抢救。

（2）对"有呼吸而心跳停止"的触电者，应采用"胸外心脏挤压法"进行抢救。

（3）对"呼吸心跳都停止"的触电者，应同时采用"胸外心脏挤压法"和"口对口人工呼吸法"进行抢救。

（4）抢救者应特别注意对触电者千万不可采用泼冷水或注射肾上腺素等强心针的方法。

1.2.5 急救技术

（1）口对口人工呼吸法

1) 将触电者仰卧，解开衣服和裤带。

2) 然后将触电者头偏向一侧，张开其嘴，用手指清除口腔的假牙、血块等异物，使呼吸道畅通。

3) 抢救者在病人的一边，一手捏紧触电者的鼻子，另一只手托在触电者颈后，将颈部上抬，然后深吸一口气，用嘴紧贴触电者嘴，大口吹气 2s，接着放松捏鼻子的手，让气体从触电者肺部排出（通常松开鼻子停 3s）。如此反复进行，不可间断，直到触电者苏醒为止。

口对口人工呼吸法的步骤，如图 5-8 所示。

（2）胸外心脏挤压法

1) 使触电者仰卧在硬板上或地上，颈部枕垫软物使头部稍后仰，松开衣服和裤带，抢救者跪跨在触电者腰部两侧。

2) 抢救者双手重叠，并用手掌根部按于触电者胸骨下 1/2 处，中指指尖对准其颈部凹陷的下缘，当胸一手掌。

3) 用力向触电者胸下挤压 3～4cm 后，突然放松，挤压与放松的动作要有节奏，频率最好掌握在每分钟 100 次左右，绝对不能低于 60 次。必须坚持连续进行，不可中断，

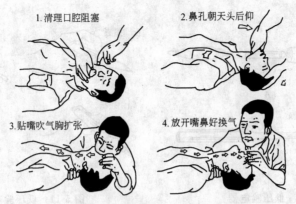

图 5-8 口对口人工呼吸法

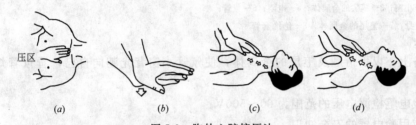

图 5-9 胸外心脏挤压法

(a) 抢救者手掌位置；(b) 左手掌压着右手背；(c) 掌根用力下压；(d) 突然放松

直到触电者苏醒为止，胸外心脏挤压法，如图 5-9 所示。

(3) 胸外心脏挤压与口对口（鼻）人工呼吸法同时进行

其节奏为：单人抢救时，每挤压 15 次后吹气 2 次（15：2），反复进行；双人抢救时，每挤压 5 次后由另一人吹气 1 次（5：1），反复进行。

1.3 实 习 操 作

1.3.1 实习内容

"胸外心脏挤压法"练习。

1.3.2 实习方法

在拼起来的课桌上或运动垫上，每两个同学为一组，相互进行"胸外心脏挤压法"的练习。

课题 2 电工常用工具及仪表的使用

2.1 电工的常用工具

2.1.1 低压验电器的使用

验电器是检验导线和电气设备是否带电的一种电工常用工具。分为低压和高压两种。

(1) 低压验电器

又称测电笔和试电笔，其结构都是由氖管、电阻、弹簧、笔身和笔尖组成，如图 5-10 所示。

使用低压验电器时，必须按照图 5-11 所示的正确方法使用。笔尖金属体应触到被测

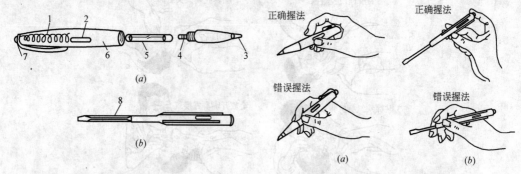

图 5-10 低压验电器
(a) 钢笔式低压验电器；(b) 螺钉旋具式低压验电器
1—弹簧；2—小窗；3—笔尖的金属体；4—电阻；5—氖管；
6—笔身；7—笔尾的金属体；8—绝缘套管

图 5-11 低压验电器握法
(a) 钢笔式握法；(b) 螺钉旋具式握法

线路或设备上，以手指触及笔尾的金属体，使氖管小窗背光朝向自己，看氖管灯泡是否发光。

低压验电笔检测电压的范围为 60～500V。

（2）使用验电器的安全知识

1) 验电器在使用前应先在确有电源处试测，证明验电器确实良好，方可使用。

2) 使用时，应逐渐靠近被测物体，直至氖管发亮。

2.1.2 旋具

旋具又叫改锥或起子，分为平口（平头）和十字口（十字头）两种。

旋具的使用，如图 5-12 所示。

1) 大螺钉旋具在使用时，用大拇指和食指夹紧握柄的末端。

2) 小螺钉旋具在使用时，可用大拇指和中指夹着握柄，用食指顶住柄的末端捻旋。

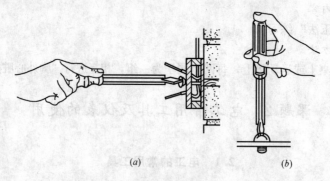

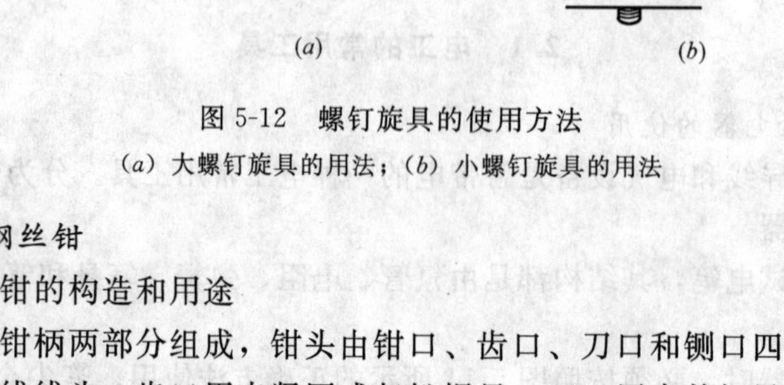

图 5-12 螺钉旋具的使用方法
(a) 大螺钉旋具的用法；(b) 小螺钉旋具的用法

2.1.3 电工钢丝钳

（1）电工钢丝钳的构造和用途

主要由钳头和钳柄两部分组成，钳头由钳口、齿口、刀口和铡口四部分组成。钳口可用来弯绞和钳夹导线线头；齿口用来紧固或起松螺母；刀口用来剪切导线或剖削软导线绝缘层；铡口用来铡切电线线芯、钢丝或较硬金属。钳柄有铁柄和绝缘柄两种，电工应使用耐压500V绝缘柄的钳子。其构造和用途如图5-13所示。

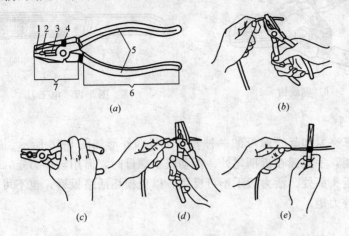

图 5-13 电工钢丝钳的构造及用途
(a) 构造；(b) 弯绞导线；(c) 紧固螺母；(d) 剪切导线；(e) 铡切钢丝
1—钳口；2—齿口；3—刀口；4—铡口；5—绝缘体；6—钳柄；7—钳头

(2) 使用电工钢丝钳的安全知识

1) 使用前，必须检查绝缘手柄的绝缘是否良好，以免带电作业时发生触电事故。

2) 用电工钢丝钳剪切带电导线时，应单根剪切，以免发生短路故障。

2.1.4 尖嘴钳

尖嘴钳的头部尖细，主要用于狭小的操作空间。外形和电工钢丝钳相似，如图5-14所示。尖嘴钳也有铁柄和绝缘柄两种，通常绝缘柄的耐压为500V。

2.1.5 断线钳

断线钳又称为斜口钳，分铁柄、管柄和绝缘柄三种形式，外形如图5-15所示，主要用来剪断较粗的导线，电工用的绝缘柄断线钳的耐压为1000V。

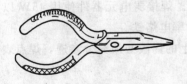

图 5-14 尖嘴钳

图 5-15 断线钳

2.1.6 剥线钳

剥线钳是用于剥削小直径导线绝缘层的专用工具，外形如图5-16所示。使用时，将绝缘导线放入相应的刀口中，用手将钳柄一握，导线的绝缘层即被割破而自动弹出。

2.1.7 电工刀

电工刀是用来剖削电线线头，切割木台缺口，削制木榫的专用工具，外形如图5-17所示。在剖削线头时，应将刀口朝外，使刀面与导线成较小的锐角，以免割伤导线。

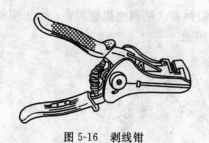

图 5-16 剥线钳　　　　　　　　图 5-17 电工刀

2.1.8 活扳手

活扳手是用来夹紧和起松螺母的一种专用工具，外形如图 5-18 所示。扳动较大螺母时，需要较大力矩，手应握在近柄尾处。扳动较小螺母时，需用较小力矩，但螺母容易打滑，故手应握在近头部处。活力扳手不可反用，以免损坏活络扳唇，也不可用钢管接长柄来施加较大的扳拧力矩。

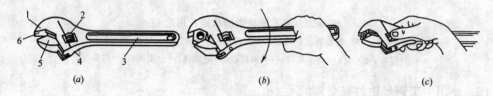

图 5-18 活扳手
(a) 活扳手构造；(b) 扳较大螺母时的握法；(c) 扳较小螺母时的握法
1—呆扳唇；2—蜗轮；3—手柄；4—轴销；5—活络扳唇；6—扳口

2.1.9 冲击电钻

冲击电钻是一种电动钻孔工具，外形如图 5-19 所示。具有两种功能：一种可以作为普通电钻使用，另一种可以用来冲打砌块和砖墙等建筑面的木锥孔和穿墙孔。

在冲凿墙孔时，应经常把钻头拔出，以利排屑；在钢筋建筑物上冲孔时，遇到坚实物不应施加过大压力，以免钻头退火。

2.1.10 电烙铁

电烙铁是烙铁钎焊的热源，外形如图 5-20 所示。焊接弱电元器件使用 45W 以下的小功率电烙铁，焊接强电元器件使用 45W 以上的大功率电烙铁。

使用烙铁钎焊时，焊点必须焊透、焊实，焊点上的锡液必须充分渗透，焊点表面应光滑并有光泽，而且不应产生虚假焊点和夹生焊点。

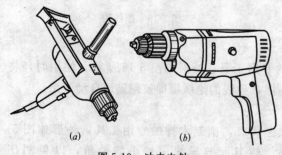
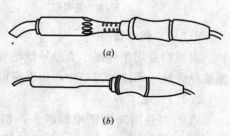

图 5-19 冲击电钻
(a) 手提式；(b) 手枪式

图 5-20 电烙铁
(a) 大功率电烙铁；(b) 小功率电烙铁

2.2 课题训练

2.2.1 用低压测电笔测试

(1) 区别相线与零线

在交流电路中,用验电器触及导线时,氖管发亮的即是相线,氖管不亮的即是零线。

(2) 区别交流电与直流电

交流电通过验电笔时,氖管里的两个电极同时发亮;直流电通过验电笔时,氖管里的两个电极只有一个电极发亮。

(3) 识别相线碰壳

用验电笔触及电动机、变压器等电气设备未接地的金属外壳时,若氖管发亮,则说明该设备有漏电现象。

2.2.2 用剥线钳对废旧电线作剖削练习

2.2.3 用电工刀对废旧塑料单芯硬线作剖削练习

2.3 常用电工仪表的使用方法

2.3.1 万用表的使用方法

万用表也称万能表,主要用来测量交直流电流,交直流电压和电阻等。有的还可测量功率、电感和电容等。万用表分为指针式和数字式两种。500型万用表的外形如图5-21所示。万用表的正确使用包括正确接线,正确选择测量种类和量程,正确读数和正确保管。

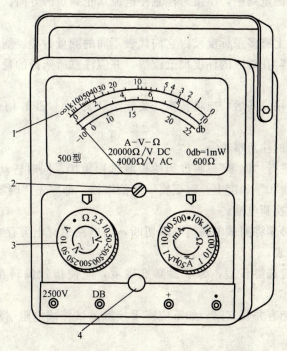

图 2-21　500型万用表

1—表盘;2—机械调零螺柱;3—转换开关旋钮;4—电阻调零

（1）正确接线

应将红色和黑色测试棒的连接插头分别插入红色（或标有"＋"号）插孔和黑色（或标有"－"号）插孔。

（2）用转换开关正确选择测量种类和量程

根据被测对象，首先选择测量种类。严禁当转换开关置于电流档或电阻档时去测量电压，否则将损坏万用表。测量种类选妥后，再选择量程。测量电压、电流时应使指针的偏转在 1/2 或 2/3 以上，读数较为准确。若预先不知被测量的大小范围，为避免量程过小而损坏万用表，应选择该种类最大量程进行预测，然后再选择合适的量程，还应注意在测量较高电压与电流时，不能带电切换量程。

（3）交流电压的测量

将万用表右边的转换开关置于 V̰ 位置，左边的转换开关（量程选择）选择到交流电压所需的某一量程位置上，表棒不分正负，用手握住两表棒绝缘部位，将两表棒分别接触被测电压的两端，观察指针的偏转、读数，然后从被测电压端断开表棒。如果不知被测电压的高低，应选择表的最大量程，再根据指针偏转情况，逐级调低量程。

（4）直流电压的测量

将万用表右边的转换开关置于 V̲ 位置，左边的转换开关选择到直流电压所需的某一量程位置上。用红表棒金属头接触被测电压的正极，黑表棒头接触被测电压的负极。表头不能接反，否则易损坏万用表。

（5）直流电流的测量

将左边的转换开关置于 A 位置，右边的转换开关选择在直流电流所需的某一量程。再将两表棒串接在被测电路中，串接时注意按电流从正到负的方向。

（6）正确读数

万用表的标度盘上有多条标度尺，它们代表不同的测量种类。测量时应根据转换开关所选择的种类及量程，在对应的标度尺上读数，并应注意所选择的量程与标度尺上读数的倍率关系。

（7）万用表在使用完毕后，应将转换开关旋至"关"（OFF）档位，或交流电压的最高量程档位。

（8）测量电阻时的注意事项

1）测量前，应进行"调零"。将红黑两根测试棒短接，同时转动"调零旋钮"，使指针指到电阻标度尺的"0"刻度上。每更换一次倍率档，都应先"调零"，再进行测量。指针调不到零位，应更换新电池。

2）测量电阻时必须将测试电路与电源切断，当电路中有电容存在时必须先将电容短路放电，以免损坏仪表。

3）电阻的量程应选得合适，为了提高准确度，应使指针偏转在标度尺的中间附近为好。

4）被测电路不能有并联支路，如不应将手接触测试棒或电阻引线部分，以免影响测量精度。

2.3.2 兆欧表的使用方法

兆欧表又叫摇表、梅格表、高阻表等，用来测量电器设备的最大电阻和绝缘电阻，计量单位为 MΩ（兆欧）。兆欧表的外形如图 5-22 所示。

(1) 兆欧表的选用

测量额定电压在 500V 以下的设备或线路的绝缘电阻时，可选用 500V 或 1000V 兆欧表；测量额定电压在 500V 以上的设备或线路的绝缘电阻时，应选用 1000～2500V 的兆欧表；测量瓷瓶时，应选用 2500～5000V 兆欧表。

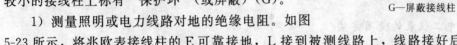

图 5-22 兆欧表
L—线路接线柱；E—接地接线柱；
G—屏蔽接线柱

(2) 兆欧表的接线和测量方法

兆欧表有三个接线柱，其中两个较大的接线柱上分别标有"接地"（E）和"线路"（L），另一个较小的接线柱上标有"保护环"（或屏蔽）（G）。

1) 测量照明或电力线路对地的绝缘电阻。如图 5-23 所示，将兆欧表接线柱的 E 可靠接地，L 接到被测线路上，线路接好后，可按顺时针方向摇动兆欧表的发电机摇把，转速由慢至快，一般约 120r/min，待转速稳定时，兆欧表指针所指示的数值就是所测的绝缘电阻值。

2) 测量电机的绝缘电阻。如图 5-24 所示。将兆欧表接线柱 E 接机壳，L 接到电动机绕组上即可。

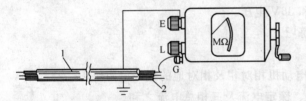

图 5-23 测量照明或电力线路的绝缘电阻
1—钢管；2—导线

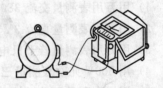

图 5-24 测量电机的绝缘电阻

(3) 兆欧表使用时的注意事项

1) 测量电气设备的绝缘电阻时，必须先切断电源，然后将设备进行放电，以保证人身安全和测量的准确性。

2) 测量时兆欧表应水平放置，未接线前先转动兆欧表作开路和短路试验。

3) 兆欧表测量完毕后，应立即使被测物放电，在兆欧表的摇把未停止转动和被测物未放电前，不可用手去触及被测物的测量部分或拆除导线，以防触电。

2.3.3 钳形电流表的使用方法

钳形电流表简称钳形表，是根据电流互感器原理制成的，它用于不断开电路而需要直接测量交流电流的场合使用，其结构和原理如图 5-25 所示。

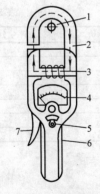

图 5-25 钳形表
1—被测导线；2—铁心；3—二次绕阻；4—表头；5—量程调节开关；6—胶木手柄；7—铁心开关

(1) 钳形表的使用方法

使用时，将量程开关转到合适位置，手持胶木手柄，用食指勾紧铁心开关，便可打开铁心，将被测导线从铁心口引入到铁心中央，然后放松铁心开关的食指，铁心就自动闭合，被测导线的电流就在铁心中产生交变磁力线，表上就感应出电流，可直接读数。

（2）钳形表使用时的注意事项

1）钳形表不得去测高压线路的电流，被测线路的电压不能超过钳形表所规定的使用电压。

2）测量前应估计被测电流的大小，选择适当的量程，不可用小量程去测量大电流。

3）测量较小电流时，可将被测导线在钳口内多绕几圈，电流值为读数值除以绕的圈数。

4）每次测量只能嵌入一根导线。测量结束应将量程开关扳到最大量程档位置。

2.4 训练课题

2.4.1 电工仪表的使用方法

（1）目的

掌握常用电工仪表的使用方法。

（2）材料、设备、仪表

万用表、兆欧表、钳形表各一只，电动机一台，电阻导线及电缆头若干。

（3）实习内容

1）用万用表测量交流380、220和36V电压。

2）用万用表测量直流3V和6V练习。

3）用万用表测量若干只电阻。

4）用500V兆欧表测量三相异步电动机相对相及相对地的绝缘电阻练习。

5）用钳表测量电动机的启动电流、额定电流及三相总电流之和。

2.4.2 质量要求及评分

电工仪表的使用方法及评分标准见表5-1。

电工仪表的使用方法及评分标准　　　　　表5-1

项　次	项　目　要　求	分　值	评　价	评　分
1	万用表测电压时，量程选择正确，读数正确	15		
2	万用表测电阻前要调零	15		
3	兆欧表测绝缘电阻要符合要求	20		
4	钳形表使用要正确	20		
5	操作是否规范	20		
6	安全文明生产	10		
总分	100分　姓名　　　　　学号		教师签名：　　成绩	

课题3　导线连接与绝缘恢复

3.1 导线的连接

导线线头进行连接后，应具有良好的导电性能，不能因连接而产生明显的接触电阻，否则通电后连接处会发热。因此绝缘层（导体表面的氧化层）要清除得彻底干净，使线头和线头之间有良好的电接触。

3.1.1 导线线头绝缘层的剖削

(1) 塑料硬线绝缘层的剖削

线芯截面为 4mm² 及以下的塑料线，一般用钢丝钳剖削。剖削方法如下。

1) 用左手捏住电线，根据线头所需长短用钢钳刀切割绝缘层，但不可切入线芯。
2) 然后用右手握住钢丝钳头部用力向外勒去塑料绝缘层，如图 5-26 所示。
3) 剖削出的芯线应保持完整无损，如损伤较大应重新剖削。

线芯截面大于 4mm² 的塑料线，可用电工刀来剖削绝缘层，方法如下：

1) 根据所需的长度用电工刀以 45°角倾斜切入塑料绝缘层，如图 5-27 (a) 所示。
2) 使刀面与导线保持 25°角左右，向线端推削，削去上面一部分，如图 5-27 (b) 所示。
3) 将下面塑料线向后扳翻，用电工刀齐根切去，如图 5-27 (c) 所示。

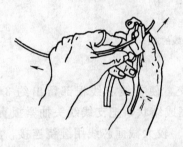

图 5-26 钢丝钳剖削塑料硬线绝缘层

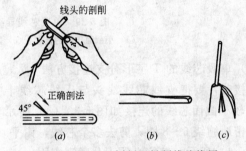

图 5-27 电工刀剖削塑料硬线绝缘层

(a) 刀以 45°角倾斜切入；(b) 刀以 25°角倾斜推削；(c) 翻下塑料层

(2) 塑料护套线绝缘层的剖削

塑料护套线绝缘层必须用电工刀剖削，方法如下：

1) 按所需长度用电工刀刀尖对准芯线缝隙划开护套层，如图 5-28 (a) 所示。
2) 向后扳翻护套层，用力齐根切去，如图 5-28 (b) 所示。
3) 绝缘层的切口与护套层的切口之间，应留有 5~10mm 的距离。用电工刀以 45°角倾斜切入绝缘层，其方法如同剖削塑料线。

图 5-28 塑料护套线绝缘层的剖削

(a) 刀在芯线缝隙间划开护套层；(b) 扳翻护套层并齐根切去

3.1.2 导线连接的方法

常用导线的线芯有单股和多股两种，连接的方法随芯线的股数不同而异。

(1) 单股芯线的直接连接方法

截面较小的导线，连接时，应把两线端作 X 形相交。然后互相绞合 2~3 圈后，扳直两线端，再将每个线端在线芯上紧贴并缠绕 6 圈，剪去多条的线端，钳平切口毛刺。如图 5-29 (a) 所示。

截面较大的导线连接时,把需要连接的两根线端并靠在一起,中间填一根同径线芯,然后用连线从中部开始向两头紧密缠绕,如图 5-29 (b) 所示。

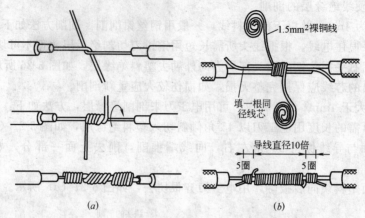

图 5-29 单股芯线导线的直接连接
(a) 小截面导线的连接；(b) 较大截面导线的连接

(2) 单股芯线的 T 字形分支连接方法

连接时,要把支线芯线线头与干线芯线十字形相交,使支线芯线根部留出约 3～5mm。较小截面芯线的连接如图 5-30 (a) 所示,再环绕成结状,把支线线头抽紧扳直,然后紧密地缠绕 6～8 圈,剪去多余芯线,钳平切口毛刺。较大截面芯线用缠绕连接,如图 5-30 (b) 所示。缠绕必须十分紧密牢固。

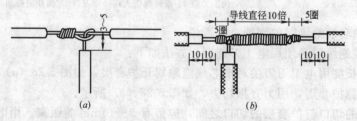

图 5-30 单股芯线导线的 T 字形分支连接
(a) 小截面导线的连接；(b) 较大截面导线的连接

(3) 多股导线的直线连接和分支连接

如图 5-31、图 5-32 所示。

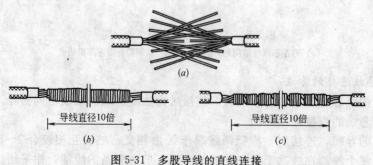

图 5-31 多股导线的直线连接
(a) 伞骨状对叉；(b) 缠绕方式一；(c) 缠绕方式二

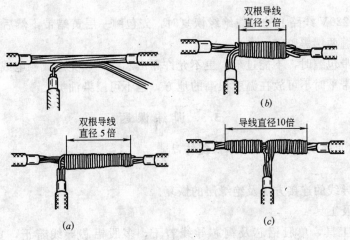

图 5-32 多股导线的 T 字形分支连接
(a) 方式一；(b) 方式二；(c) 方式三

3.2 导线绝缘层的恢复

当导线的绝缘层破损及导线连接后，均需恢复绝缘，恢复后的绝缘层其绝缘强度不应低于原有绝缘层的绝缘强度。通常用黄蜡带、涤纶薄膜带和黑胶布（带）作恢复绝缘层的材料，绝缘带的宽度一般为 20mm 比较适宜，方便包缠。

3.2.1 绝缘带的包缠方法

将黄蜡带从导线左边完整的绝缘层上开始包缠两根带宽的宽度后方可进入无绝缘层的芯线部分，如图 5-33（a）所示。包缠时，黄蜡带与导线保持约 55°的倾斜角，每圈压叠带宽的 1/2，如图 5-33（b）所示。包缠一层绝缘带后，将黑胶布在黄蜡带的尾端，按另一斜叠方向包缠一层即可。如图 5-33（c）、图 5-33（d）所示。

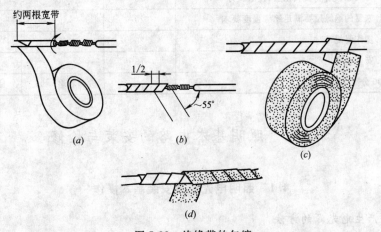

图 5-33 绝缘带的包缠
(a) 方式一；(b) 方式二；(c) 方式三；(d) 方式四

3.2.2 注意事项

（1）用在 380V 线路上的导线绝缘恢复时，先包缠 1~2 层黄蜡带，再包缠 1~2 层黑胶带。

(2) 用在220V线路上的导线绝缘恢复时,先包缠一层黄蜡带,然后再包缠一层黑胶带,也可只包缠两层黑胶带。

(3) 绝缘带包缠时,不能过疏,更不允许露出芯线,以免造成触电或短路事故。

(4) 绝缘带平时不可放在温度很高的地方,也不可浸染油类。

3.3 训练课题

3.3.1 常用导线的连接及绝缘恢复练习

(1) 目的

掌握常用导线的连接方法及绝缘层的恢复。

(2) 材料及工具

电工常用工具,单股铝芯及铜芯导线若干,多股铝芯导线若干,黄蜡带、黑胶带若干。

(3) 方法步骤

1) 练习用电工刀剥削废塑料硬线、塑料护套线、橡皮线和铅包绝缘层。

2) 练习用钢丝钳剥削塑料硬线和塑料软线绝缘层。

3) 单股铝(铜)线的直接和分支连接。

4) 恢复绝缘层,要求浸入温水中30min,以不渗水为合格。

3.3.2 质量要求及评分

常用导线的连接及绝缘恢复的质量要求及评分标准见表5-2。

常用导线的连接及绝缘恢复的质量要求及评分标准 表5-2

项次	项目要求	分值	评价	评分
1	剥削绝缘层不能损伤线芯	20		
2	导线连接时除去氧化层,接触良好	25		
3	恢复的绝缘层要满足绝缘强度要求	20		
4	操作要规范	20		
5	安全文明生产	15		
总分	100分 姓名 学号		教师签名	成绩

课题4 照明基本电路的安装与检修

4.1 照明电光源及安装基本操作

4.1.1 产生电光源的方法

产生电光源的方法很多,目前最常用的有自然体发光和紫外线激励荧光物质发光两种。电灯的常用种类如表5-3所示。

4.1.2 照明方式的分类

根据人们日常活动的需要,照明分生活照明、工作照明和事故照明三种形式。按光源的安排形式，又可分为一般照明、局部照明和混合照明三种。

常用电灯种类和应用概况　　　　　　　　表 5-3

类别	特点	应用场所
白炽灯	1. 构造简单，使用可靠，价格低廉，装修方便，光色柔和 2. 发光效率较低，使用寿命较短（一般仅 1000h）	广泛应用于各种场所
碘钨灯（卤素灯）	1. 发光效率比白炽灯高 30% 左右，构造简单，使用可靠，光色好，体积小，装修方便 2. 灯管必须水平安装（倾斜度不可大于 4°），灯管温度高（管壁可达 500~700℃）	广场、体育场、游泳池、工矿企业的车间、工地、仓库、堆场和门灯及建筑工地和田间作业等场所
荧光灯（日光灯）	1. 发光效率比白炽灯高 4 倍左右；寿命长（比白炽灯长 2~3 倍），光色较好 2. 功率因数低（仅 0.5 左右），附件多，故障率较白炽灯高	广泛应用于办公室、会议室和商店等场所
高压汞灯（高压水银荧光灯）	1. 发光效率高，约是白炽灯的 3 倍，耐振、耐热性能好，寿命约是白炽灯的 2.5~5 倍 2. 起辉时间长，电压波动性能差（电压下降 5% 可能会引起自熄）	广场、大型车间、车站、码头、街道、露天工场、门灯和仓库等场所
钠灯	1. 发光效率高，耐振性能好，寿命长（比白炽灯长 10 倍以上），光线穿透性强 2. 辨色性能差	街道、堆场、车站和码头等，尤其适用于多雾、多尘埃的场所，作为一般照明使用
镝灯 钠铊铟灯 （金属卤化物灯）	1. 光效高，辨色性能较好 2. 属强光灯，若安装不妥易发生眩光和较高的紫外线辐射	适用于大面积、高照度的场所，如体育场、游泳池、广场、建筑工地等

4.1.3 照明装置的安装规程

(1) 技术要求

1) 灯具和附件的质量要求。各种灯具、开关插座、吊线盒以及所有附件的品种规格、性能参数，如额定电流、耐压等，必须适应配用的需要。

2) 灯具和附件应适应环境的要求。用在户内特别潮湿或具腐蚀性气体和蒸汽的场所、用在有易燃或易爆物质的场所及应用在户外的，都必须采用相应的具有防潮或防爆性能的灯具和开关。

3) 无安全措施的车间或工地的照明灯，各种机床的局部照明灯及移动式工作灯等，都必须采用 36V 及以下的低电压安全灯。

(2) 安装要求

1) 壁灯及平顶灯要牢固敷设在建筑物的平面上。吊灯必须装有挂线盒，每只挂线盒，一般只允许接装一盏电灯。灯具与附件的连接必须正确、牢靠。

2) 在相对湿度较大、或有导电尘埃的场所，或是导电地面的危险场所，其灯头离地面的距离不得低于 2.5m。

3) 一般场所灯头离地距离为 2m。

4) 普通开关和插座的离地距离不得低于 1.3m。

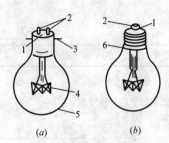

图 5-34 白炽灯泡
(a) 插口式；(b) 螺口式
1—绝缘体；2—触点；3—卡脚；4—灯丝；5—玻璃泡；6—螺纹触点

4.1.4 各种照明装置的安装

照明装置安装的要求，可概括为八个字，即合理、规范、牢固、整齐。

（1）白炽灯

白炽灯结构简单，使用可靠，价格低廉，其电路便于安装和维修，所以应用较广。

1）灯具的运用和安装。

A. 灯泡。在灯泡颈状端头上有两个灯丝的引出端，电源由此通入灯泡内的灯丝。灯丝出线端的构造，分有插口式和螺口式两种，如图 5-34 所示。通电后，靠灯丝达到白炽化而发光，故称为白炽灯。

B. 灯座（灯头）的安装。

a. 灯座上有两个接线端子，一个接电源的中性（零）线，另一个接来自于开关的相（火）线。插口灯座的两个接线端子，可任意接线。螺口灯座上的接线端子，必须把中性线连接在通往螺纹圈的接线端子上，而把来自于开关的相线接在连通中心铜簧片的接线端子上，如图 5-35 所示。

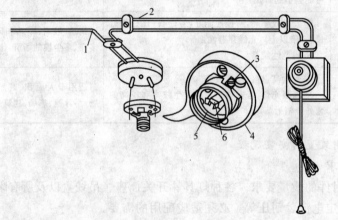

图 5-35 螺口灯座安装
1—中性线；2—相线；3—与开关灯座连接线连接；4—螺口灯座；5—螺纹圈；6—中心铜簧片

b. 吊灯灯座安装时，采用塑料软线（花线）作为电源引线。为了避免线芯承重，接线前应在灯头和吊线盒内打个结（称为梅花结），如图 5-36 所示，然后再分别进行接线。

2）开关的应用和安装。开关的种类较多，常见的有拉线开关、平开关、暗装开关等。内部接线端子的安装如图 5-37 所示。

A. 单联开关内的两个接线端子，一个与电源的相线连接，另一个与灯座的接线连接，如图 5-38 所示。

安装平开关时，应使操作手柄向上时为分断电路，向下时接通电路，与刀开关恰巧相反。

B. 双联开关的安装是用于分别在两地控制一盏灯的电路，常用的接线方法如图 5-39 所示。

（2）荧光灯

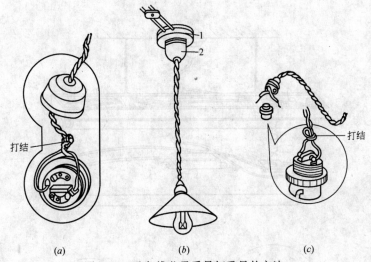

图 5-36　避免线芯承受吊灯重量的方法
(a) 挂线盒安装；(b) 装成的吊灯；(c) 灯座安装
1—木台；2—挂线盒

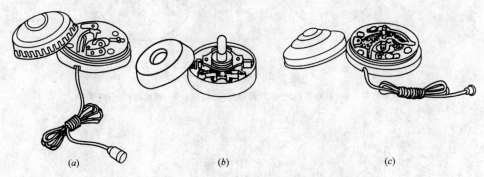

图 5-37　电灯开关内部接线端子
(a) 拉线式单联开关；(b) 平式单联开关；(c) 拉线式双联开关

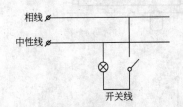 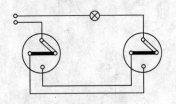

图 5-38　单联开关控制白炽灯接线原理图　　图 5-39　双联开关接线图

荧光灯（日光灯）是应用比较普遍的一种电光源。

常见荧光灯的规格有：6、8、12、15、30 和 40W 等。

1) 荧光灯的组成。荧光灯主要由灯管、启辉器、镇流器、灯架和灯座组成及接线图如图 5-40、图 5-41 所示。

A. 灯管。由玻璃管、灯丝和灯丝引出脚相构成。在玻璃管内壁涂有荧光材料，管内抽成真空后充入少量汞和适量的惰性气体（氩气），在灯丝上涂有电子发射物质（称电子粉），如图 5-42 所示。

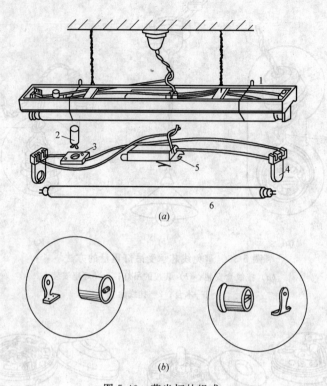

图 5-40 荧光灯的组成
1—灯架；2—启辉器；3—启辉器座；4—灯座；5—镇流器；6—灯管

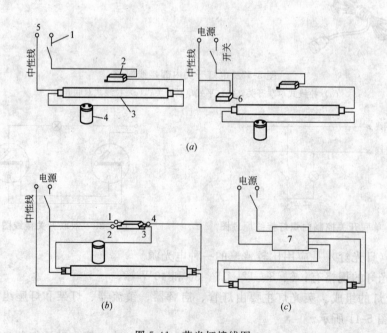

图 5-41 荧光灯接线图
(a) 采用一般镇流器；(b) 采用两只线圈的镇流器；(c) 采用电子镇流器
1—开关；2—镇流器；3—灯管；4—启辉器；5—电源；6—电容器；7—电子镇流器

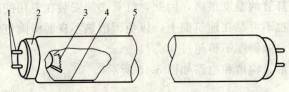

图 5-42　荧光灯管

1—灯脚；2—灯头；3—灯丝；4—荧光粉；5—玻璃管

B. 启辉器（启动器）。由氖管（氖泡）、小纸介电容器、出线脚和外壳等组成。氖管内装有动触片（U 形双金属片）和静触电。其构造如图 5-43 所示。

C. 镇流器。主要由铁心和线圈组成，如图 5-44 所示，分为开启式、半封闭式和封闭式三种。

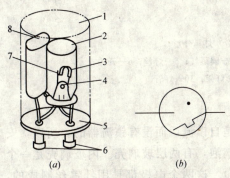

图 5-43　荧光灯启辉器

（a）结构；（b）符号

1—铝壳；2—玻璃泡（内充惰性气体）；
3—动触片；4—涂铀化物；5—绝缘底座；
6—插头；7—静触片；8—电容器

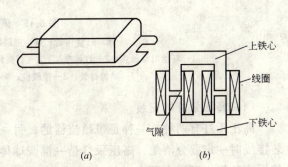

图 5-44　荧光灯镇流器

（a）外形；（b）结构

D. 灯架。有木制的和铁制的两种，其规格配合灯筒长度选用。

E. 灯座。分弹簧式和开启式两种，规格也分为小型（12W 以下）和大型（15W 以上）两种。

2）荧光灯的安装。

A. 安装要求。采用开启式灯座时，必须用细绳将灯管两端绑扎在灯架上，以防灯座松动时灯管坠下。灯架不可直接贴装在可燃性建筑材料构成的墙或平顶上。

吊式灯架的电源引线必须从吊线盒中引出，一般要求一盏灯一个吊线盒。

B. 安装方法。主要是按线路图连接电路，没有接线图时，应记住：把启辉器的两个桩头分别与灯管两端的各一个灯脚连接，余下的灯脚，一端的一个接电源中性线，另一端的一个接镇流器的一个线头，镇流器的另一个线头接电源相线，相线须用开关控制。

（3）碘钨灯的安装

碘钨灯是卤钨灯的一种，外形是一制成圆柱状的玻璃管，两端头为电源触点，管内中心是一放置在灯丝定位支架上的螺旋状灯丝。

碘钨灯的发光原理与白炽灯相同，灯丝作为白炽发光体，管内充有微量的碘，在高温条件下，利用碘循环提高发光效率和灯丝寿命。

碘钨灯工作时，灯管的温度很高，因此，灯管必须安装在专用的、有隔热装置的金属灯架上。而且，灯架也不可贴在建筑面上，以免因散热不良而影响灯管寿命。灯管在工作时必须处于水平状态，倾斜度不得超过40°。

碘钨灯的灯具外形、构造和电路如图5-45所示。

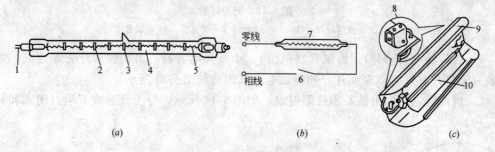

图5-45 碘钨灯
(a) 灯管构造；(b) 电路图；(c) 灯具外形
1—灯丝电源触点；2—灯丝支架；3—石英管；4—碘蒸气；5—灯丝；6—开关；
7—碘钨灯管；8—接线桩；9—配套灯架；10—灯管

（4）高压汞灯的安装

高压汞灯有两种：一种是带镇流器的；另一种是自镇流，而没有镇流器的。所以，安装接线时一定要分清楚。高压汞灯是一椭圆球体玻璃泡，有两层玻璃壳。内玻璃壳是一个管形石英管，两端有两个电极（即下电极和上电极）。这两个电极都是用钍钨丝制成的，在下电极的一边有一个与 $4k\Omega$ 电阻串联的电极（即引燃极），它的作用是帮助启辉器放电，如图5-46（a）所示。石英管内充有汞和氩气。外玻璃壳的内壁涂有荧光粉，它能将水银蒸气放电时所辐射的紫外线转变为可见光。在内外玻璃壳之间充有二氧化氮气体，以防电极和荧光粉氧化。

安装高压汞灯时，首先要分清是自镇式的，还是外镇式的。自镇式的无须配装镇流器，其接线与白炽灯泡相同。外镇式的安装时需配装与灯泡功率相同的镇流器。若不配装镇流器，则灯泡会被烧毁或无法启动，如图5-46（b）所示。

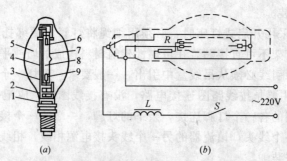

图5-46 荧光高压汞灯
(a) 外形图；(b) 电路图
1—电阻；2—玻璃外壳；3—引燃极；4—支架；5—充有氮气；6—上电极；
7—放电管；8—充有水银和氩气；9—下电极
R—电阻；L—镇流器；S—开关

高压汞灯一般应垂直安装，若水平安装，点燃时光能量输出减少，而且容易自灭。当高压汞灯熄火后，要过5～10min，才能重开灯使用。

(5) 高压钠灯

高压钠灯具有光效高、用电省、透雾能力强的特点，常用做街道、广场、车站、港口码头等场所的照明，高压钠灯必须与功率相同的镇流器配套使用，否则会烧坏灯泡。高压钠灯的外形和接线如图5-47所示。

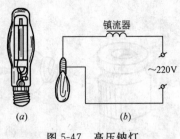

图 5-47 高压钠灯
(a) 灯泡外形；(b) 电路图

4.2 瓷夹板、瓷瓶、塑料护套线、线管配线

4.2.1 配线的步骤

(1) 按图样确定灯具、插座、开关、配电箱等的位置。
(2) 确定导线沿建筑物敷设的路径、穿过墙壁或楼板的位置。
(3) 在土建抹灰前，将所有的固定点打好孔眼，预埋绕有铁丝的木螺钉、螺栓或木砖。
(4) 装设绝缘支持物、线夹或管子。
(5) 敷设导线。
(6) 妥善连接导线、分支和封端，并将出线和用电器具连接好。

4.2.2 瓷夹板的配线

导线用瓷夹板固定并沿墙敷设，适用于负荷小且干燥的情况。其缺点是易损坏墙面，影响工作件配合，进度慢，如图5-48所示。

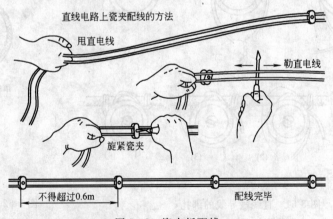

图 5-48 瓷夹板配线

4.2.3 瓷瓶的配线

瓷瓶的配线方法同瓷夹板配线相同，适用于负荷较大、线路较长，而且有腐蚀性、易燃、多尘的场所。瓷瓶的外形如图5-49所示，瓷瓶的配线方法，如图5-50、图5-51和图5-52所示。

4.2.4 槽板的配线

导线敷设在木槽板或塑料槽板内的安装，适用于负荷小且干燥，要求外形整齐、美观的场合，如图5-53所示。

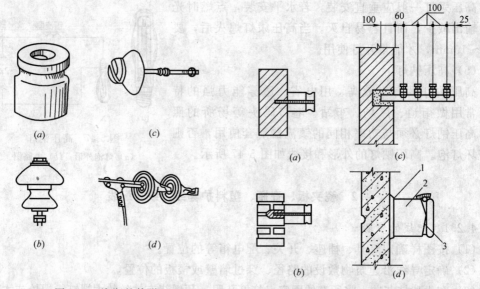

图 5-49 瓷瓶的外形
(a) 鼓形瓷瓶；(b) 蝶形瓷瓶；
(c) 针式瓷瓶；(d) 悬式瓷瓶

图 5-50 瓷瓶的固定
(a) 木结构上；(b) 砖墙上；(c) 支架上；(d) 环氧树脂固定瓷瓶
1—粘剂；2—瓷瓶；3—绑扎线

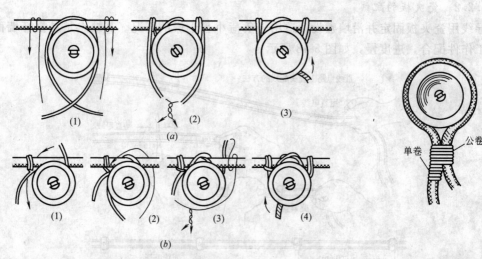

图 5-51 直线段导线的绑扎
(a) 单绑法；(b) 双绑法

图 5-52 终端导线的绑扎

4.2.5 塑料护套线的配线

适用于弱电线路，常用铝片卡固定导线，如图 5-54 所示。

4.2.6 线管的配线

导线穿在钢管或塑料管内的安装，适用于负荷较大，有易碰撞、易爆和多尘场合，线管配线又分为明敷和暗敷两种。图 5-55 所示为线管的暗敷线路。

线管配线施工步骤如下所述。

(1) 线管的选择

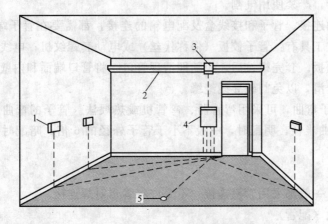

图 5-53 明装塑料线槽敷设
1—插销组板;2—线槽;3—线槽接线箱;4—电源配电箱;5—地面出线口

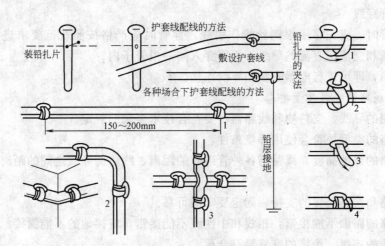

图 5-54 护套线的布线

一般明配于潮湿场所和埋于地下的管子,均应使用厚壁钢管;明配或暗配于干燥场所,宜使用薄壁钢管。硬塑料管适用于室内或有酸、碱等腐蚀介质的场所。半硬塑料管和塑料波纹管适用于一般民用建筑的照明工程敷设,软金属管多用来作为钢管和设备的过渡连接用。

(2) 线管的加工

1) 除锈涂漆。管子内壁除锈,可用圆形钢丝刷,两头各绑一根钢丝,穿过管子,来回拉动钢丝刷,把管内铁锈清除干净。管子外壁除锈可用钢丝刷打磨,也可用电动除锈机。除锈后,再将管子的内外表面涂以防锈漆。

2) 切管套螺纹。管子切割应使用钢锯

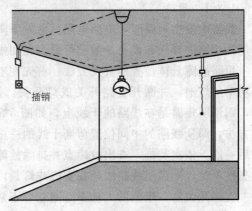

图 5-55 聚乙烯电线管暗敷设

式电动无齿锯进行，严禁使用气割。

管子和管子的连接、管子和接线盒及配电箱的连接，都需要在管子端部进行套螺纹。常用的钢管套螺纹工具有：管子铰扳（俗称代丝）或电动套螺纹机；电线管和硬塑料管套螺纹，一般用圆丝扳。套完螺纹后，应随即清理管口，将管口端面和内壁的毛刺用锉刀锉光，使管口保持光滑，以免割破导线绝缘。

3) 弯曲。管子弯曲，可采用弯管器、弯管机或热煨法。管子的弯曲角度，一般不小于90°。管子的弯曲半径，明配时，一般不小于管子外径的6倍；暗配时，一般不小于管子外径的10倍。

(3) 线管连接

管子的连接，一般都采用管箍连接，不允许将管子对焊连接。

(4) 线管敷设（配管）

配管工作一般从配电箱开始，逐段配至用电设备处。当钢管经过建筑物伸缩缝时，应采用软管进行补偿。

(5) 线管穿线

导线穿管时，应先穿一根钢丝线作引线。穿管时应严格按照规范要求进行，不同回路、不同电压和交流与直流的导线，不得穿入同一根管子内。

穿线完毕，即可进行电器安装和导线连接。

4.2.7 线路的安装质量要求

(1) 选用的导线、支持物和线路器材要符合技术要求的规定。

(2) 线路的类型要符合使用环境条件。

(3) 线路的离地高度、线路与各种管道等的距离、线路的导线之间的距离要符合技术规定。

(4) 线路和线路装置的支持、固定要牢固可靠。

(5) 线路的路面不能接错，相线和中性线不能接错，应接地的不能漏接。

(6) 导线的连接、绝缘的恢复要符合要求。

(7) 线路导线之间和导线对地的绝缘电阻不应低于规定要求。

4.3 照明线路的检修

4.3.1 短路

线路中发生短路时，电路电阻就急剧下降，电流急增，若此时保护装置失去作用，就会烧毁线路的导线和设备。短路可分为相间短路和相对地短路两类，如图5-56所示。

短路故障具体位置的查找方法：首先在电源处（空气开关或闸刀开关下端）串接一盏大功率的灯泡，并断开支路开关或灯开关，待合上电源开关时，若大功率的灯泡正常发光，则说明短路是在线路的干线上，如图5-57所示。如果干线线路较长，可用缩短距离的方法，即从线路的中间位置剪断干线的一根导线，便可查出短路故障是在干线的前一段或后一段。依次类推，查出故障点并排除故障。当合上电源开关后，若大功率灯泡不发光或亮度不足，则说明线路故障在支线或灯具内。再逐个合上各支路开关或灯开关，当合上某一支路开关后，串联的大功率灯泡立即正常发光，则说明该支路或灯具线路内有短路故障点，如图5-58所示。

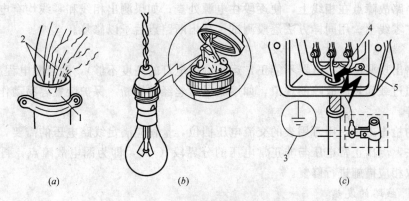

图 5-56 回路短路情况

(a) 相线与相线间；(b) 相线与中性线间；(c) 相线与大地间

1—钢管；2—相线；3—接地；4—相线头；5—接地线头

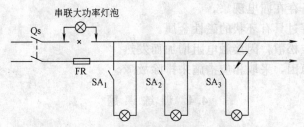

图 5-57 干线线路短路故障的排除方法

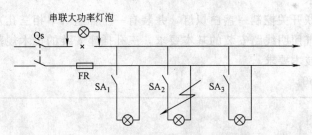

图 5-58 支线线路短路故障的排除方法

4.3.2 断路（开路）

如果线路出现断路，电流就不能形成回路，电路就不能正常运行，如图 5-59 所示。

断路故障点的查找方法：合上电源开关后，用试电笔逐段测试断路线路的分支点及灯具（如吊线盒或灯座）处，测出有电至无电的分界处，即为断路点。如果测出相线和零线

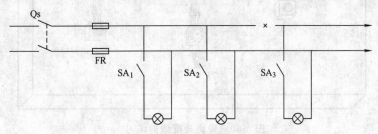

图 5-59 断路线路故障的排除方法

均无电,断路故障点在相线上,便逐段往电源处查;如果测出相线和零线均有电,则说明断路故障在零线上。用同样方法逐段测试,找出断路点后予以修复。

4.3.3 漏电

当线路出现漏电时,电器不能正常运行(如电灯的亮度不够),随着漏电程度的加大,会出现类似过载和短路故障的现象,如熔断器熔丝经常烧断,保护装置容易动作及导线和设备过热等。

漏电的检查方法:用万用表的交流电压档位,量程应满足线路电压的需要,按断路故障检查方法,测出正常电压与非正常电压的分界段(点),即为漏电故障点,再根据实际情况,采取相应措施进行修复。

4.3.4 线路的发热

线路导线发热或连接点发热的故障原因有以下几个方面:
(1)导线截面选择过小。
(2)用电设备的容量增大。
(3)线路、设备存在漏电现象。
(4)单根导线穿过具有环状的磁性金属。
(5)导线连接点松散,因接触电阻增加而发热。

针对上述故障原因,采取相应措施来排除故障。

4.4 训练课题

4.4.1 瓷夹板配线练习

(1)目的和要求

通过用一个单联开关控制一盏白炽灯,并装有一个插座(单相三孔)的瓷夹板配线练习,使学生掌握电气照明线路安装的基本要求,三孔插座安装的技术规范,瓷夹板配线的施工步骤、工艺和技术要求。

实习图见图 5-60。

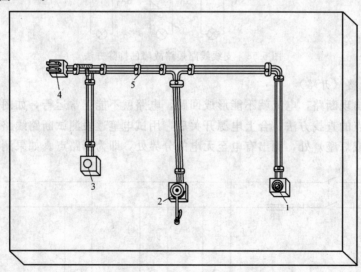

图 5-60 瓷夹板配线的练习
1—灯头;2—开关;3—插座;4—熔断器;5—火线

(2) 实习材料

1) 800mm×500mm 木制板一块。

2) 双线瓷夹板 12~15 副。

3) 圆木三块。

4) 单联开关一只。

5) 三孔插座一只。

6) 螺口平灯座一只。

7) RCIA-5 型瓷插式熔断器两套。

8) BV 或 BLV 线 4~5m。

9) 木螺钉一小包。

(3) 方法步骤

1) 熔断器、灯头、插座及开关的定位划线。

2) 瓷夹板固定。

3) 敷设导线。

4) 安装熔断器、灯头、开关及插座的木台。

5) 安装开关、灯头和插座。

6) 接通电源，校验电路。

(4) 质量要求及评分标准

瓷夹板配线的质量要求和评分标准见表 5-4。

瓷夹板配线的质量要求及评分标准　　　　表 5-4

项次	项 目 要 求	分值	评价	评分
1	瓷夹板不能损坏	10		
2	瓷夹板安装要符合要求	20		
3	导线平直	10		
4	灯具及插座安装导线分路或转弯敷设要符合要求	10		
5	安装线路通电不能造成断路故障	25		
6	木台、灯头、开关和插座安装要牢固	10		
7	电气元器件不得损坏	15		
总分	100 分　姓名　　　　学号		教师签名：　成绩	

4.4.2 护套线配线练习

(1) 目的和要求

通过安装一个开关控制一盏荧光灯，并装有一个单相（两孔）插座的塑料护套线安装练习，使学生掌握荧光灯线路的正确连接，塑料护套线配线的安装步骤及两孔插座安装的技术规范。

实习图如图 5-61 所示。

(2) 实习材料

1) 1m×2m 的木制配电板一块（可用旧床板）。

2) 荧光灯的灯具一套。

3) 圆木五块。

4) 单相双孔插座一只。

5) 螺口灯头一只。

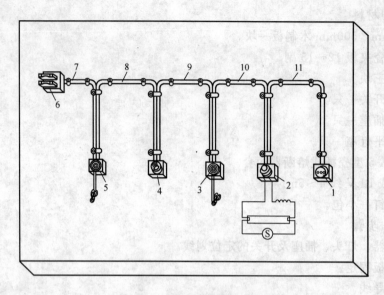

图 5-61 护套线配线的练习

1—插座；2—方木；3、5—开关；4—灯头；6—熔断线；7、9、11—两芯护套线；8、10—三芯护套线

6) RCIA-5 型插座 2 套。

7) 单联拉线开关两只。

8) 吊线盒一只。

9) 钢筋（1 号或 2 号）一包。

10) 小铁钉、木螺钉各一小包。

11) BVV1 平方毫米的两芯塑料护套线及三芯塑料护套线各一根（长约 3m）。

(3) 方法步骤

1) 定位及划线。

2) 固定钢精轧头。

3) 敷设导线。

4) 固定熔断器、木台、开关、灯座、插座及吊线盒。

5) 安装荧光灯并将灯的电源线接到吊线盒上。

6) 检查线路并通电实验。

(4) 质量要求及评分

护套线配线的质量要求及评分标准见表 5-5。

护套线配线的质量要求及评分标准　　　　　表 5-5

项次	项 目 要 求	分值	评价	评分
1	护套线平直	10		
2	导线剖削不能损伤	20		
3	护套线转角圆度符合要求	10		
4	钢精轧头安装要符合要求	10		
5	灯安装线路通电不能造成断路、短路故障	25		
6	木台、灯头、开关和插座安装要牢固	10		
7	电气元器件不得损坏	15		
总分	100 分　　姓名　　　　学号		教师签名：	成绩

思 考 题

1. 接地有什么意义？
2. 对触电者应如何进行急救？
3. 电工常用工具有哪些？如何正常使用低压验电笔？
4. 使用万用表有哪些注意事项？
5. 恢复绝缘层有哪些方法？
6. 导线连接有哪些要求？
7. 对室内配线有什么要求？常用的配线方式有哪几种？
8. 单相控制开关为什么一定要接在相线上？螺口灯座的接线要特别注意什么？
9. 照明线路的主要故障有哪些？如何处理？

参 考 文 献

[1] 付光强. 给水排水系统运行管理与维护. 北京：中国电力出版社，2003
[2] 机械工业职业教育研究中心组. 管道工技能实战训练. 北京：机械工业出版社，2005
[3] 杜渐. 管道工初级技能. 北京：高等教育出版社，2005
[4] 张金和. 管道安装基本理论知识. 北京：中国建筑工业出版社，2000
[5] 魏峥. 金工实习教程. 北京：清华大学出版社，2004
[6] 技工学校机械类通用教材编审委员会编. 焊工工艺学（第四版）. 北京：机械工业出版社，2005
[7] 中国焊接协会，中国机械工程学会焊接学会. 焊接培训与资格认证委员会编. 国际焊工培训. 黑龙江：黑龙江人民出版社，2002
[8] 刘光源主编. 电工技能训练. 北京：劳动社会保障出版社，2001